WALNUSS

Garten und Nussbaum ...
dann ernten und
verarbeiten ...
Viel Vergnügen [illegible]
zum Weihnachtsfest 2006

HÄDECKE

DAS GOLDENE BUCH DER WALNUSS

ERICA BÄNZIGER

2 3 4 5 | 2009 2008 2007 2006

Lizenzausgabe für Hädecke Verlag, D-71256 Weil der Stadt
www.haedecke-verlag.de

www.fona.ch
Verantwortlich für das Lektorat: Léonie Haefeli-Schmid
Gestaltung Cover: Dora Eichenberger-Hirter, Birrwil
Gestaltung Inhalt: Andrea Heimgartner, Zürich
Foodbilder: Andreas Thumm, Freiburg i. Br.
Bilder in der Einführung: Andreas Thumm, Freiburg i. Br. (Seiten 10, 11, 12, 31, 33);
Fleishman-Hillard Germany GmbH, Frankfurt am Main (Seiten 25, 35);
Thomas Schwizer/Steinobstzentrum Breitenhof, Wintersingen (Seiten 19, 20);
ImagePoint AG, Zürich (Seiten 17, 22); Roger Corbaz, Prangins (Seite 15);
Hansruedi Wüthrich/Grabenöle, Lüterswil (Seite 27); Image Source AG, Köln (Seite 28)
Lithos: Repro Schicker AG, Baar
Druck und Bindung: Druckerei Uhl, Radolfzell

ISBN 978-3-7750-0465-3 / Printed in Germany 2006

INHALT

Rezepte

Wo nicht anders vermerkt, sind die Rezepte für 4 Personen berechnet.

Abkürzungen

EL = gestrichener Esslöffel
TL = gestrichener Teelöffel
dl = Deziliter
ml = Milliliter
l = Liter
Msp = Messerspitze

WIDMUNG

Dieses Buch widme ich meinen beiden Söhnen Mano-Filippo und Oliver-David – auf dass sie immer die richtigen Entscheidungen im Leben treffen mögen – sowie allen noch tätigen Ölmüllern, die sich um den Erhalt dieser alten Tradition und des Naturprodukts Walnussöl bemühen.

DANK

Mein Dank gilt allen Freunden, Bekannten und ganz besonders meinen Verlegern, Léonie und Fredi Haefeli, sowie Andreas Thumm, dem kreativen und geduldigen Food-Fotografen. Sie alle haben mich beim Entstehen dieses Buches unterstützt.

Für die fachliche Unterstützung danke ich Herrn Thomas Schwizer, Betriebsleiter des Steinobstzentrums Breitenhof in Wintersingen. Auch ein großes Dankeschön an die Familie Schiess von der Grabenöli Lüterswil für die wichtigen Infos in letzter Minute sowie für die ergänzenden Rezepte.

VORWORT

Meine Liebe zu den Bäumen hat mich schon zu einem Oliven- und Kastanienbuch inspiriert.

Vermutlich ist es meine jetztige Lebenssituation, welche mir den Nussbaum näher gebracht hat. Auf jeden Fall weiß ich nun, weshalb gerade dieser Baum mir helfen kann. Ich bewundere den Walnussbaum und begegne ihm mit Ehrfurcht und Respekt.

Als Ernährungsberaterin und Kochbuchautorin interessieren mich nebst den in den Bäumen steckenden Kräften selbstverständlich auch der kulinarische und der gesundheitliche Wert der Früchte. Und diesbezüglich hat die Walnuss viel zu bieten.

Erica Bänziger

EINFÜHRUNG

EIN HEIMISCH GEWORDENER EXOT

Die Walnuss gehört zu den ältesten Nahrungsmitteln der Menschheit. Sie ist in Asien und auch in Europa seit mindestens 9000 Jahren bekannt, worauf zahlreiche archäologische Funde schließen lassen. Die Botaniker sind sich uneinig, wo sie beheimatet ist. Die einen vermuten, sie stamme aus Westindien oder Persien (Iran), wo es noch heute Walnusswälder gibt, andere gehen davon aus, dass die Walnuss ihre Wurzeln im Fernen Osten beziehungsweise im Himalaya-Gebiet hat. Dort wurden Walnüsse lange Zeit als Zahlungsmittel verwendet. Handelskarawanen brachten sie ostwärts bis nach Zentralasien. Im alten China, wo sie seit rund 2000 Jahren bekannt sind, zählten sie zu den fünf heiligen Nahrungsmitteln. Ihr Name, «hutao», wird sinngemäß mit «ausländischer Pfirsich» übersetzt.

Westwärts gelangte die Waluss nach Griechenland und Italien. Man geht davon aus, dass die Römer sie weiter nach Westen verbreiteten. Steinzeitliche Funde von Schalen lassen die Vermutung zu, dass sie in Westeuropa und in Süddeutschland bereits bekannt war, als diese Gebiete unter römische Herrschaft gerieten.

Wie dem auch sei: Die Überlieferungen aus der Römerzeit hören sich höchst spannend an. Demnach sollen die Heerscharen des römischen Kaisers Marcus Aurelius Probus um 280 die Walnuss zusammen mit Rebstöcken über die Alpen gebracht haben. Da die Legionäre anscheinend lieber Wein als Wasser tranken, kam es oft zu Prügeleien und Totschlag unter den Soldaten. Doch schon damals war bekannt, dass Alkohol weniger rasch ins Blut geht, wenn man dazu ein fettreiches Lebensmittel isst. Deshalb ließ der Kaiser neben den Weingärten Nussbäume pflanzen, wobei es sich teils bereits um veredelte Bäume gehandelt haben soll. Auch Karl der Große (742 bis 814 n. Chr.), Frankenkönig und späterer Kaiser des Heiligen Römischen Reiches, der sich mit der Suche neuer Rebsorten und der Realisierung von Musteranlagen einen Namen gemacht hat, befahl den Anbau von Nussbäumen im ganzen Herrschaftsgebiet.

Im Gepäck europäischer Auswanderer gelangten die Nüsse nach Amerika. Franziskanermönche kultivierten um 1770 in Mexiko Nussbäume und Rebstöcke. Eine weitere «Station» der beiden Gewächse war Kalifornien, wo das Klima für sie besonders ideal war.

Aus dem Landschaftsbild nicht mehr wegzudenken: Bei uns trifft man diesen Charakterbaum meist in Stallnähe oder neben einem Misthaufen an. So auch den größten Nussbaum der Schweiz, eine Hybride, der das Haus seines Besitzers bei weitem überragt: Er ist 150-jährig und steht in Meinier/GE.

FRUCHT DER GÖTTER

Bei den alten Griechen galt die Walnuss als Speise der Götter und wurde deshalb dem Göttervater Zeus und Dionysos, dem Gott des Weins, geweiht. Auch bei den Römern gehörte sie zu den Insignien ihres höchsten Gottes.

Man sagte dem Nussbaum nach, er trage die Weisheit der Überirdischen in sich und gebe diese in Form seiner Nüsse an die Menschheit weiter. Im alten Rom und später auch in den römisch besetzten Nachbarländern galt die Nuss als Fruchtbarkeitssymbol. In ländlichen Gegenden war es Brauch, der Braut am Abend vor ihrer Hochzeit einen Korb voll Nüsse ins Schlafzimmer poltern zu lassen. Damit ist auch klar, woher der Begriff «Polterabend» stammt. An andern Orten streute man dem Hochzeitspaar Nüsse auf den Weg, damit die Ehe kinderreich werde. Im Elsass brachte man gute Nussernten mit der Geburt unehelicher Kinder in Verbindung – diese, so sagte man, seien vom Nussbaum gefallen.

Wurde auf dem Land ein Junge geboren, grub man ein Loch, legte die Plazenta hinein und pflanzte darauf einen Linden- oder einen Nussbaum. Warf ein Pferd ein Fohlen, wurde der Mutterkuchen in das Geäst eines Baumes gehängt, damit beide gut gedeihen. Es hieß auch, dass der Blitz nicht in Nussbäume einschlage und dass man deshalb dort während eines Gewitters geschützt sei.

Viele Jahrhunderte hindurch haben sich im Volksmund auch Weisheiten behauptet, die mit der sprachlichen Verwandtschaft von «nux» und «nocere» (schaden) in Verbindung stehen. Schon Plinius der Ältere (23 bis 79 n. Chr.), ein römischer Schriftsteller, riet, man solle sich nicht zu lange unter einem Nussbaum aufhalten, weil er einen «schweren Kopf» mache. Dioskurides, ein griechischer Arzt und Pharmakologe aus dem 1. Jahrhundert n. Chr., warnte vor dem übermäßigen Verzehr von Nüssen, da diese schwer verdaulich seien und zudem Kopfschmerzen verursachen würden. Im Mittelalter sagte man, der Schatten des Nussbaumes sei tunlichst zu meiden – denn, wenn man zu lange darunter schlafe, könne dies zum Tod führen.

Die Früchte wurden auch als Orakel benutzt. Zur Jahreswende wurden zwölf Nüsse geöffnet – für jeden Monat eine Nuss. Es hieß, dass das anbrechende Jahr unter keinem guten Stern stehe, wenn viele der Schalen «taub» (leer) seien. Die Nuss galt aber auch als Synonym für die Fährnisse des Ehelebens: «Niemand weiß, was in einer Nuss verborgen ist, ob süß oder bitter», lautete ein geflügeltes Wort.

Er trägt die Weisheit der Überirdischen und vermittelt zwischen Himmel und Erde: der Nussbaum

EINE NUSS, DIE KEINE IST

Der Nussbaum trägt die botanische Bezeichnung Juglans regia. Juglans setzt sich zusammen aus «Jovis glans» und heißt «Jupiters Eichel». Der Zusatz «regia» bedeutet «königlich». Die Walnuss zählt zur Gattung der Walnussgewächse (Juglandaceae). Das sind Steinfrüchte, die zum Schalenobst gehören.

Der Name «Walnuss» geht auf das althochdeutsche «Walah» zurück – «wal» bedeutet «groß». In der Schweiz heißt die Walnuss «Baumnuss». Weit verbreitet ist auch der Begriff «Welschnuss», in Anlehnung an die «welschen Lande» wie Südfrankreich, Italien usw. Weitere Namen sind: Walchnuss, welsche Nuss, Christnuss, Edelnuss, Polternuss oder Steinnuss. Im Englischen heißt sie «walnut», im Französischen «noix» und im Italienischen «noce».

Der Nussbaum ist ein stolzer Einzelgänger – landschaftsprägend und wohl proportioniert, ein Charakterbaum, der es mit seiner weit ausladenden Krone und den langen, unpaarig gefiederten und gerbstoffhaltigen Blättern anderen Bäumen schwer macht, in seiner Nähe zu überleben. Weil das intensiv riechende Laub Ungeziefer fernhalten soll, wurden die Bäume auf dem Land oft in Stallnähe oder neben dem Misthaufen gepflanzt. Der Baum kann bis zu 30 m hoch werden und ein Alter von 150 bis weit über 200 Jahre erreichen. Er braucht viel Platz und einen tiefgründigen, nährstoffreichen Boden. Er schätzt ein mildes Klima.

Die Nussbäume sind einhäusig-getrenntgeschlechtlich. Auf einem Baum gibt es sowohl männliche als auch weibliche Blütenorgane, die aber nicht in der gleichen Blüte vereinigt sind. Der Blütenstaub der Kätzchen wird vom Wind auf die Narben der weiblichen Blüten übertragen. Nussbäume können sich teilweise selbst bestäuben. Trotzdem kann die Befruchtung zu einem grundsätzlichen Problem werden. Junge Bäume tragen manchmal mehrere Jahre nur männliche oder nur weibliche Blüten und erst später von beiden. Zudem sind die meisten Sorten vormännlich, das heißt, die männlichen Kätzchen stäuben, bevor die Narben der weiblichen Blüten offen sind. Es ist also nötig, zwei verschiedene Sorten zu pflanzen, bei denen die Befruchtungsverhältnisse optimal aufeinander abgestimmt sind.

Frost während des ersten Austriebs kann die Hoffnung auf eine gute Ernte zunichte machen. Im September/Oktober platzt die äußere fleischige grüne Schale und gibt die Nuss frei. Der Kern steckt in der hellbraunen, holzigen Schale. Ein feines verholztes «Kreuzchen» teilt den Kern in zwei Hälften.

Ein gesunder, etwa fünfzigjähriger Nussbaum liefert bis zu 100 Kilogramm Frischnüsse. Die besten Erträge sind zwischen dem 50. und dem 100. Vegetationsjahr zu erwarten. Bis erstmals Nüsse in Zweier-, Dreier- oder Viererhöcken am Baum reifen, dauert es 8 bis 15 Jahre. Heute gibt es Züchtungen, die schon ab dem 5. Jahr Früchte tragen.

1

2

1

Männliches Kätzchen: Der Blütenstaub wird im Mai/Juni vom Wind weggetragen.

2

Weibliche Blüte: Damit der Blütenstaub zum richtigen Zeitpunkt auf die Narbe gelangt, ist es notwendig, zwei verschiedene Nussbäume zu pflanzen.

1

2

1
Die fleischig grüne Schale umschließt den Stein der Walnuss.
2
Wenn die grünen Schalen der Nüsse im September/Oktober Risse bekommen und aufplatzen, steht die Ernte bevor.

ANBAUGEBIETE

Zu den Hauptanbaugebieten des Nussbaumes zählen China, die USA, Frankreich, Chile, Moldawien, der Iran und die Türkei. Riesige Monokulturen ermöglichen eine rationelle, mechanisierte Produktion. In Europa zählt die Gegend rund um Grenoble zu den bekanntesten Anbauregionen. Auch Griechenland, Italien und Osteuropa produzieren Nüsse.

Nördlich der Alpen spielt der Anbau von Nüssen eine untergeordnete Rolle. Das war nicht immer so: Zu einer Zeit, als man hierzulande nur Butter und tierische Fette kannte, wurden die Nüsse nicht nur als nährende Speise und Zutat für Backwaren geschätzt, sondern man gewann aus den getrockneten Kernen auch Speise- und Lampenöl. Im Mittelalter brauchten die Künstler das Walnussöl, um ihre Farben zu verdünnen. Das Öl fand zudem auch in der Seifenfabrikation Verwendung.

NUSSBAUM IN GEFAHR

Über die Jahrzehnte hat der Bestand der Nussbäume drastisch abgenommen. Die Zahlen der zum Beispiel in der Schweiz regelmäßig durchgeführten Obstbaumzählung sprechen eine deutliche Sprache: Zählte man im Jahre 1951 noch über eine halbe Million Bäume, waren es 2001 gerade noch etwa 134.000. In Deutschland konzentriert sich der Nussanbau auf die wärmeren Regionen des südwestdeutschen Raumes. Häufig wird der Nussbaum dort zur Bankettbepflanzung an Straßen und Wegen verwendet. Man findet ihn aber auch in kleineren geschlossenen Anlagen und in Gruppenpflanzungen für die Fruchterzeugung.

Als Hausbaum ist die Walnuss in ganz Deutschland beliebt. Klimatisch robuste Sorten garantieren den Anbauerfolg in den meisten Regionen. Lediglich Höhenlagen über 700 m sind ihm unzuträglich.

Der Walnussbaumbestand hält sich in Deutschland auf erfreulich hohem Niveau. Private und öffentliche Pflanzaktionen, zumeist mit an den Standort angepassten Sorten oder robusten Sämlingen von qualitativ guten Mutterbäumen, werden als landschaftsbezogene Strukturelemente und ökologisch wertvolle Bestandteile der Biotopvernetzung gesehen. Und im Herbst freuen sich Kinder, Wanderer und Sammler an den fallenden Nüssen. Der Genuss liegt buchstäblich auf der Straße.

SÄMLING UND VEREDELUNG

Für den Anbau gibt es zwei Möglichkeiten. Einmal durch Sämlinge, wobei nicht immer gewährleistet ist, ob die Charaktereigenschaften des Mutterbaumes übertragen werden.

Eine bessere Art der Vermehrung ist das Veredeln, d.h. auf einen aus einem Sämling gezogenen Stamm wird ein Edelreis aufgepfropft. Die Veredelung ist eine sehr anspruchsvolle Arbeit. Deshalb sind veredelte Setzlinge im Vergleich zu anderen Obstbäumen recht teuer.

Nussbäume werden einerseits als sog. Heister geliefert, die zwischen einem und drei Metern hoch sind und eine gerade Rute ohne vorzeitige Seitenverzweigungen haben. Andererseits gibt es sog. Hochstämme mit bereits vorgebildeten Leitästen, die ab 1,80 Meter hoch sind.

Walnuss im Stadium der Endausreife

SORTEN

In Deutschland haben sich drei Nussbaumschulen im größeren Stil auf die Veredelung von Walnussbäumen spezialisiert. Sie vermehren überwiegend das Geisenheimer Sortiment, bieten aber auch Neuentwicklungen aus Europa und Nordamerika an. Französische Sorten werden wegen zu geringer Winterfrosthärte nicht vermehrt.

Das Geisenheimer Sortiment entstand im vorigen Jahrhundert durch Auslese von wertvollen Gebietsherkünften zwischen den Jahren 1930 und 1970. Die Sorten werden hauptsächlich unter Nummern geführt. Jahrzehntelange Qualitätsprüfungen an der Forschungsanstalt Geisenheim erstreckten sich vor allem auf Ertragsleistung, Wuchsstärke, Austriebs- und Blühtermine, Triebabschluss und Erntezeitpunkt sowie auf die Frosthärte. Gewünscht sind Nüsse mit glatter, heller und nicht zu dicker Schale, gutem Schalenschluss und hohem Kernanteil. Der Kern soll sich gut aus der Schale lösen, und auch kulinarische Aspekte sollen nicht zu kurz kommen: angenehmer Geschmack ist ein wichtiges Kriterium.

Die mittelspät austreibenden Nummern 120, 139, 286 und Weinsberg 1 sowie die sehr spät treibende Sorte 26 erfüllen weitestgehend die gewünschten Anforderungen. Da sie später austreiben, sind sie naturgemäß weniger durch Spätfröste gefährdet. Die sehr früh austreibenden Sorten Nummer 1247 und Esterhazy II sowie die Nummer 597 und die rotkernige Nummer 1239 sind für Spätfrost gefährdete Lagen nicht geeignet.

Die Vorteile veredelter Bäume bestehen in einem frühen Ertragsbeginn und der Garantie einer mutterechten Sorte. Erste Erträge kann man bei veredelten Bäumen schon nach zwei bis drei Jahren genießen, bei Sämlingen nach acht bis zehn Jahren, wobei es in kühleren Gegenden auch länger dauern kann. Die mittlere Erntemenge liegt bei vollem Ertag zwischen 15 und 35 kg Trockennüssen pro Baum.

In jüngerer Zeit werden in Deutschland einige Sorten mit guten Qualitätseigenschaften besonders empfohlen. «Apollo», «Jupiter» und «Mars» (Tschechische Republik), «Milotai 10» (Ungarn), «Broadview» (Kanada), «Chico» (USA) und «Wunder von Monrepos» (Deutschland).

Eine größere Sammlung von Walnuss-Sorten steht in der Versuchsanstalt für Wein- und Obstbau in Weinsberg, Baden-Württemberg, und eine weitere sehr umfangreiche Sammlung von Sorten und Auslesen bei W. Böhner in Westeregeln, Sachsen-Anhalt.

ERNTE – LAGERUNG – EINKAUF

Das Sammeln von Baumnüssen ohne Erlaubnis ist auf privatem Grund und Boden nicht erlaubt. Wenn der Baum «öffentlich» ist, zeigt man sich meist großzügig, weil Nüsse rasch schimmeln, wenn sie zu lange auf nassem Boden liegen bleiben.

Nach der Ernte werden die Nüsse zuerst gewaschen und dann entweder an der Sonne, an einem luftigen Ort oder mit Warmluft getrocknet. Die Temperatur sollte nicht höher als 25 °C sein, weil sonst das im Kern enthaltene Fett ranzig wird. Frischnüsse sollten innerhalb von zehn Tagen Trockung etwa 50% ihres Gewichts verlieren. Sie gelten dann als trocken und bleiben lange haltbar. Die in luftdurchlässige Säcke abgepackten Nüsse müssen an einem kühlen, dunklen und trockenen Ort aufbewahrt werden; so können sie ohne weiteres 1 bis 2 Jahre gelagert werden. Verschimmelte Nüsse keinesfalls mehr essen, weil Aflatoxine extrem giftig sind und als krebsfördernd gelten und zudem die Leber und die Nerven schädigen. Im Tiefkühler können die Kerne bei minus 18 °C etwa ein Jahr aufbewahrt werden.

Angeboten werden im Handel Nüsse in der Schale oder Nusskerne. Da Kerne rasch schimmeln, sind die im Handel erhältlichen Importnüsse in der Regel geschwefelt. Kauft man die Nüsse direkt auf dem Bauernhof oder im Bioladen/Reformhaus, darf man davon ausgehen, dass sie unbehandelt sind. In Deutschland gilt für inländisch erzeugte Nüsse ein Verbot für das Schwefeln und auch das Bleichen.

NUSSKERNE IN DER KÜCHE

Die Nüsse sind vielseitig verwendbar. Frisch und pur genossen, sind sie eine gesunde, aromatische Beigabe zu einem Glas Wein. Sie passen in Pausenbrötchen und sind auf der Käseplatte unverzichtbar. Auch mit Salaten und Gemüse oder Dörrfrüchten harmonieren sie. Aus der Dessertküche sind sie nicht wegzudenken. Ein Walnussparfait mit warmem Zwetschgenkompott ist ein einfaches, köstliches Dessert. Und wer kennt sie nicht, die in der ganzen Welt berühmte Engadiner Nusstorte. Exklusivitäten sind Produkte aus unreifen, d. h. noch grünen Nüssen. Dazu gehören Nuss-Schnäpse und Nussliköre wie der Ratafia. Köstlich sind die noch weichen Früchte auch in Mixed Pickles, entweder in Öl oder Essig eingelegt. Eine süße Überraschung sind die in Sirup erhitzten Früchtchen. Früher wurden getrocknete und gemahlene Schalen sogar als Pfefferersatz verwendet.

NUSSMEHL IN DER KÜCHE

Bei der Pressung der Walnüsse zu Öl entsteht als Abfallprodukt der Nusstrester, ein trockenes Nussmehl von sehr aromatischem Geschmack. Es kann mit Dinkel- oder Weizenmehl gemischt werden, sei dies für einen Brot- oder Kuchenteig oder für Crêpes/Omeletts. Das Nussmehl sieben, weil es noch Schalenteile enthalten kann. Im Kühlschrank lagern oder tiefkühlen.

Heruntergefallene Baumnüsse sollten 2 bis 3 Mal die Woche eingesammelt werden. Dies verhindert, dass die frischen Nüsse schimmeln. Während der Vollreife können die Nüsse auch von den Bäumen geschüttelt werden. Wenn die Nüsse reif sind, kann man das Schütteln auch dem Wind überlassen.

GEWINNUNG VON ÖL

Wieder an Bedeutung gewonnen hat das Pressen von hochwertigem Öl. Wegen des aromatischen Geschmacks wird es von Spitzenköchen und gesundheitsbewussten Köchinnen und Köchen in der Alltagsküche vermehrt eingesetzt. In den letzten Jahren wurden an verschiedenen Orten alte, stillgelegte Nussmühlen zu neuem Leben erweckt.

Es gibt verschiedene Verfahren für die Ölgewinnung. Am wertvollsten ist kalt gepresstes Öl aus geschälten Nüssen, weil so die kostbaren Inhaltsstoffe ungeschmälert erhalten bleiben. Der Arbeitsaufwand ist groß, entsprechend teuer ist das Öl. Je nach Qualität können aus 10 kg Kernen 4 bis 5 Liter Öl gewonnen werden – wobei ein paar Monate gelagerte Nüsse ergiebiger sind als solche aus frischer Ernte.

Bei einer anderen Methode werden die zerstoßenen Kerne auf 50 bis 60 °C erwärmt.

Bekannt ist auch das Verarbeiten von Nüssen samt Schale. Auch hier muss das Pressgut erhitzt werden. Wenn die Kerne mit der Schale gepresst werden, dann liegt die Ausbeute zwischen 15 und 20 %.

Einen viel versprechenden Ansatz für die rationelle Gewinnung von Walnussöl liefert eine in der Schweiz entwickelte Presse, die kalt gepresstes Öl aus ungeschälten Nüssen erzeugt. Die wertvollen Inhaltsstoffe bleiben vollständig erhalten.

Damit sich die im Öl enthaltenen Schwebestoffe setzen können, wird das Öl nach dem Pressen zuerst in einem Gefäß während rund zwei Wochen gelagert und erst dann in Flaschen abgefüllt. Kühl, dunkel und trocken aufbewahrt, ist es mindestens ein Jahr haltbar.

In Deutschland gibt es mehr als zehn spezialisierte Ölmühlen, die auch Walnüsse im Kaltpressverfahren verarbeiten und als Nussöl für die Küche, aber auch als Vorprodukt für Hauptpflegemittel und andere Kosmetika anbieten. Aus Kostengründen verarbeiten die deutschen Ölproduzenten entschalte Nüsse und auch Nussbruch – überwiegend aus China und Kalifornien.

NUSSÖL IN DER KÜCHE

Es gibt im Handel wenig gute Nussöle. Der Kenner wird deshalb sein Öl in einer Ölmühle oder im Reformhaus/Bioladen kaufen. In jedem Fall ist auf Naturbelassenheit zu achten, d. h. das Öl muss aus Bio-Nüssen und unraffiniert sein. Häufig werden die Nüsse vor dem Pressen für mehr Geschmack und Aroma leicht geröstet (wird auch bei Küribskernen angewandt); das ergibt ein warm gepresstes Öl. Aus gesundheitlicher Sicht ist dagegen nichts einzuwenden. Produktbeschreibung lesen. Kleine Mengen einkaufen (wird rasch ranzig). Auch Nussöl soll dunkel und kühl aufbewahrt werden.

Vom Aroma her ist das Nussöl schon fast ein Gewürz. Wenn es zu dominant ist, mische man es mit Olivenöl. Und noch etwas ist wichtig: das Nussöl (gilt auch für Haselnussöl) keinesfalls erhitzen, also nur in der kalten Küche und zum Abschmecken warmer Speisen verwenden.

In der Ölmühle aus dem 16. Jahrhundert (Lüterswil/Schweiz) kann noch heute jedermann seine Walnusskerne nach traditioneller Methode zu einem schmackhaften Öl pressen lassen.

Weicher Kern in harter Schale. Es gibt nur Positives zu vermelden: die Kerne sind gut für Herz, Kreislauf und Blutdruck ... und machen erst noch nicht dick.

INHALTSSTOFFE

Getrocknete Kerne enthalten nur 5 % Wasser. Die Nuss ist von geballter Energie: 100 g Nüsse enthalten 670 Kilokalorien, bei optimaler Fettstruktur. Der Anteil an ungesättigten Fettsäuren liegt bei 63 %, dabei ist das Verhältnis von Omega-3-Fettsäuren und Omega-6-Fettsäuren nahezu ideal. Das ist mit ein Grund, dass die kalorienreichen Nüsse bei maßvollem Konsum nicht dick machen. Der Eiweißgehalt liegt bei 15 %; das Eiweiß enthält die für den Erwachsenen lebenswichtigen acht Aminosäuren. Speziell zu erwähnen ist das Arginin, das eine ähnliche Wirkung wie das für das Herz verschriebene Nitroglyzerin hat. Der Anteil an Kohlenhydraten liegt bei 15 %; in Kombination mit Getreide ergibt das einen vollwertigen Fleischersatz.

Die Inhaltsstoffe, eingeschlossen Mineralstoffe, Vitamine, Spurenelemente und Ballaststoffe, haben einen günstigen Einfluss auf das Herz und den Kreislauf und verhindern, dass die fettähnlichen Cholesterin-Partikel im Blut sich an den Arterienwänden ablagern können. Das führt zur besseren Durchblutung der Gefäße und zur Senkung des Blutdrucks. Bostoner Wissenschaftler führten mit über 20 000 Teilnehmern eine Studie durch, die klar aufgezeigt hat, dass das Risiko eines plötzlichen Herztodes um 47 % abnimmt, wenn man mindestens zweimal wöchentlich Walnüsse isst. Zudem geht man davon aus, dass der in den Kernen enthaltene entzündungshemmende Stoff einen günstigen Einfluss bei Krankheiten wie Alzheimer, Depression, Arthrose, Asthma, Autoimmunkrankheiten und Diabetes hat.

Die Nuss enthält Vitamine der B-Gruppe, Vitamin A, C und E. Die B-Vitamine gelten als Nervennahrung ersten Ranges – 80 g Nusskerne decken beispielsweise 40 % des täglichen Vitamin-E-Bedarfs. E-Vitamine sind ein natürliches Antioxidans. Sie vernichten die freien Radikalen, die maßgeblich für Hautalterung, Arteriosklerose und Krebs verantwortlich sind.

Die Kerne enthalten die Mineralstoffe Eisen (fördert die Blutbildung), Phosphor, Kalium (kräftigt den Herzmuskel), Kalzium (stärkt die Knochen), Magnesium (positive Wirkung auf den Blutdruck und gut für die Nerven und das Herz), Fluor sowie Spurenelemente wie Zink (wichtiger Leberschutz, stärkt Haut und Haare), Chlor, Mangan und Kupfer.

Wichtig für die Vorbeugung gegen Krankheiten sind die in den Kernen enthaltenen sekundären Pflanzenstoffe. Die bioaktiven Substanzen enthalten reichlich Proteasehemmstoffe, die in Tierversuchen eine krebsverhütende Wirkung zeigten. Als Krebsschutz gelten auch die Polyphenole, insbesondere die Ellagsäure, die nicht nur die freien Bindungsstellen der Erbsubstanz DNS schützt, sondern auch die Bildung von Entgiftungsenzymen fördert.

HEILKUNDE

Traditionelle Chinesische Medizin (TCM)

Auch in der Traditionellen Chinesischen Medizin (TCM) spielt die Walnuss eine Rolle. Verwendet werden sowohl die Nüsse als auch das daraus hergestellte Öl und die grünen Nussschalen. In einer Schrift aus dem 8. Jahrhundert steht, dass der häufige Genuss von Nüssen den Kreislauf anrege, die Haare dunkler und das Fleisch weicher mache.

In seinem Buch «Chinesische Heilkräuter» schreibt Albert Y. Leung, dass die Walnuss den ganzen Körper kräftige, den Nieren und der Lunge gut tue, den Darm aktiviere und die Potenz erhöhe. Weitere Anwendungsmöglichkeiten sind Husten, pfeifender Atem, Rückenschmerzen, Schwäche in den Beinen, nächtlicher Samenerguss, Verstopfung, Blasensteine, starker Harndrang, wunde Haut und Furunkel.

Tagesdosis: 9 bis 15 Walnüsse. Die Kerne werden pur gegessen. Es kann daraus aber auch eine Art Tee zubereitet werden.

Bei wunden Hautstellen wird ein Brei aus Walnüssen aufgetragen.

Walnussöl wird in der TCM als Abführmittel und zur Behandlung von Bandwürmern eingesetzt. Mit dem wärmenden Öl wird sogar Achselschweiß behandelt.

In klinischen Studien wurde die Wirkung von Walnüssen bei folgenden Indikationen nachgewiesen: bei Steinen in den Harnwegen, Dermatitis, Ekzem sowie Abszessen im äußeren Gehörgang und bei Blasen- und Nierensteinen. Für die Behandlung werden 125 g Walnüsse in Pflanzenöl frittiert und dann mit Zucker zu einem Brei gemahlen. Diese Paste soll während ein bis zwei Tagen eingenommen werden.

Auch bei Husten mit starker Verschleimung kennt die chinesische Medizin ein Mittel: Vor dem Zubettgehen drei Walnüsse und drei Scheiben einer frischen Ingwerwurzel sorgfältig kauen und dann schlucken. Anschließend trinkt man ein wenig warmen Tee oder Brühe. Das wird einmal wiederholt. Bereits am nächsten Tag sollen Husten und Schleim verschwunden sein. Auch bei Magenübersäuerung helfen die Walnüsse: Man kaut einige davon gründlich, bevor man sie schluckt.

Esoterik

Walnüsse gelten als Heilmittel bei gespaltener Persönlichkeit. Nicht nur wegen ihres hohen Gehalts an ungesättigten Fettsäuren, sondern auch aufgrund der Ähnlichkeit der Kerne mit den beiden Hirnhälften stärken sie angeblich das Gedächtnis. Auf den Körper aufgelegte Nussblätter sollen gegen den «Wolf», eine alte Bezeichnung für Krebs, schützen. Blätter in den Schuhen lindern bei brennenden und auch schmerzenden Füßen. Als Kissenfüllung sollen getrocknete Blätter den Schlaf fördern und die Träume positiv beeinflussen.

Volksheilkunde

Eine zusätzliche Bedeutung erhielt die Walnuss durch die im Mittelalter aufgekommene Signaturlehre, wonach gewisse Pflanzen aufgrund der Ähnlichkeit mit bestimmten Körperteilen gezielt als Heilmittel eingesetzt werden können.

Die symmetrische Zweiteiligkeit der Nuss sowie ihre Ähnlichkeit zum menschlichen Gehirn sind in verschiedene heilkundliche Lehren eingeflossen; so soll Schizophrenie geheilt und bei Gefühlen des Hin- und Hergerissenseins die Willenskraft gestärkt werden können. Außerdem gilt die Walnuss als «Hirnnahrung».

HAUSAPOTHEKE

Blätter

Die Blätter im Mai und im Juni sammeln.

Hauptwirkstoffe/Nebenwirkstoffe

Ätherisches Öl / Gerbstoffe (zusammenziehende und entzündungshemmende, wundheilende und blutreinigende sowie stoffwechselanregende Wirkung).

Tee

1 TL Walnussblätter mit einer Tasse heißem Wasser aufgießen und 10 bis 15 Minuten ziehen lassen, abseihen.
Täglich 2 Tassen trinken.

Innere Anwendung

Bei Hautunreinheiten, chronischem Katarrh, Schwellung der Lymphdrüsen, offenen Beinen, Krampfadern, Magen-Darm-Katarrh, Diabetes, Leberentzündung, Gallenleiden, Gelbsucht, Rachitis, Verstopfung, Wurmbefall, Weißfluss, Milchschorf, Karies, Blutarmut, allgemeiner Schwäche und zur Rekonvaleszenz.

Äußere Anwendung

Waschungen sowie Kompressen: Bei Augenentzündung, Venenentzündung, Krampfadern und Hauterkrankungen wie Ekzem, Akne oder Allergien und Schuppenflechte.

Bad und Spülung

200 g Nussblätter auf einen Liter Wasser, 15 Minuten köcheln lassen, dem Badewasser beifügen. Im Südtirol werden Rheuma und Gicht noch heute mit diesem Absud aus Nussblättern behandelt. Empfohlen wird er auch als Spülung bei Haarausfall und Schuppen. Bei starkem Fußschweiss bringen Fußbäder Linderung.

Wickel

Frische, zerquetschte Blätter zum Abstillen auf die Brust legen.

Insekten und Ungeziefer

Nussblätter vertreiben Mücken, Wanzen, Läuse und halten Fliegen fern. Sie dienen auch als Vergrämungsmittel gegen Mäuse. Eingestreut in die Hundehütte oder den Schlafplatz schützen sie die Tiere vor Flöhen, Wanzen, Läusen und Milben. Um das Holz gegen Schädlinge zu schützen, wurde früher auch geschnittenes Holz mit einem Absud aus Blättern behandelt.

Grüne Schalen

Im August und September sammeln.

Hauptwirkstoff/Nebenwirkstoffe

Gerbstoffe, Bitterstoffe, Flavone, Inosit. Das Kauen von grünen Nussschalen wurde in der Antike gegen Karies empfohlen.

Tee

Eine Hand voll grüne Schalen in einem Liter Wasser 15 Minuten köcheln lassen, absieben. Zur Entschlackung, zur Herzstärkung und bei Durchfall.

Insektenschutzmittel für die Haut

100 bis 200 g grüne Nussschalen in einen Liter Olivenöl einlegen. Das Glas verschließen. 5 bis 6 Wochen an einen warmen Ort stellen. Den Glasinhalt absieben, einige Tropfen Nelken- und Zitronenöl zufügen.

Grüne Nüsse

Am 21. Juni sammeln.

Hauptwirkstoff/Nebenwirkstoffe

Die jungen, noch grünen Nüsse enthalten viel Vitamin C und Chlorophyll. Frisch verzehrt, stärken sie das Immunsystem.

Ob Tee oder Magenbitter, Kompressen oder Wickel, Insektenschutzmittel oder einfach pur zur Kur: Die Walnuss ist in der Hausapotheke ein Alleskönner.

Tinktur (Magenbitter)

20 grüne Nüsse mit der Schale in Scheiben schneiden und in eine weithalsige Flasche füllen. Eine Hand voll zerquetschter Wacholderbeeren, 5 bis 6 Nelken und 2 Zimtstangen dazugeben. Das Ganze mit klarem Schnaps oder Grappa auffüllen. Während sechs Wochen an die Sonne stellen, ab und zu schütteln. Die schwarze Flüssigkeit ist ein hervorragender Magenbitter. Empfohlen wird die Tinktur auch bei Drüsenschwellungen, Leberentzündung und bei zu dickem Blut sowie bei Impotenz. Dosierung: ein kleines Likörglas oder einen Teelöffel täglich.

Reife Nüsse

Ernte im September und Oktober.

Hauptwirkstoff/Nebenwirkstoffe

Der Kern enthält ungesättigte Fettsäuren, Flavone, die Vitamine B_1, B_2, B_5, PP sowie hochwertiges Eiweiß.

Walnusskerne sind Kraftnahrung pur, die Herz, Kreislauf, Gedächtnis und das Nervensystem stärken (täglich 3 bis 4 Nüsse essen). Sie werden zudem bei Haut- und Knochenproblemen empfohlen. Ihr Genuss wirkt sich auf die Sehkraft positiv aus. Die Nusskerne unterstützen den menschlichen Organismus beim Entgiften. Zwischen den Mahlzeiten genossen, regen sie den Stoffwechsel und den Darm an.

Nusskur

Am ersten Tag einen Walnusskern essen, die Menge in den folgenden Tagen um jeweils einen Kern erhöhen, bis 25 Kerne. Dann die Kerne jeden Tag um ein Stück reduzieren. Da die Ellagsäure vom Darm nur in sehr geringen Mengen aufgenommen wird und weil Nüsse schwer verdaulich sind, empfiehlt es sich, sie über den Tag verteilt zu essen. Zu beachten: diese Kur liefert ziemlich viele Kalorien. Tipp: Die Nüsse sind leichter verdaulich, wenn sie einige Stunden in kaltes Wasser eingelegt werden.

Energiestoß

Einige Nüsse mit einem Glas Wasser mixen und mit Honig süßen.

Verholzte Nusskreuzchen

Stärken das Herz und wirken wassertreibend.

Tee

1 TL Nusskreuzchen mit einer Tasse heißem Wasser aufgießen und 10 bis 15 Minuten ziehen lassen, abseihen.
Täglich 1 Tasse trinken.

Vorsicht «Kopfnüsse»! Nussbaumallee in Kalifornien

DER TEUFEL MIT DEM NUSSKNACKER

Eines Tages saß der Teufel in seinem Thronsaal. Aß Walnüsse aus einem großen Sack und wie üblich war es ihm lästig, dass er sie immer erst knacken musste. Da hatte er eine Idee.

«Man müsste», so sagte er sich, «jemanden anderen dazu bringen, dass er einem die Nüsse knackt. Das wäre mit Abstand die angenehmste Art, Nüsse zu essen.»

Daraufhin holte er aus seiner Schatzkammer eine Perle, öffnet die nächste Nuss behutsam mit einem scharfen Messer, um die Schale nicht zu verletzen und steckte die Perle zum Kern. Dann klebte er die Schalen wieder zusammen.

«Jetzt muss ich diese Walnuss», sagte er sich, «nur irgendeiner habgierigen Seele geben, die die Perle darin findet, und schon wird sie den ganzen Sack voll Nüsse knacken wollen, um noch mehr Perlen zu finden.»

Er verkleidete sich als alter Mann mit einem langen Bart. Nahm seinen Nussknacker und den Sack Walnüsse, in dem zuoberst die Nuss mit der Perle lag. Er begab sich hinauf in die Welt. Am Rande einer Landstraße ließ er sich nieder und wartete.

Schon bald kam eine Bäuerin des Weges. «He, du da!» rief er. «'Ne Walnuss gefällig?» Die Bäuerin sah ihn prüfend an. Sie war schlau und hatte Verdacht geschöpft, doch ließ sie sich nichts anmerken. «Nun gut» sagte sie. «Warum nicht?» – «So ist's recht», sagte der Teufel und lachte sich im stillen schon ins Fäustchen. Er langte in den Sack und holte die besondere Nuss heraus und gab sie der Bäuerin. Zu seiner großen Verblüffung aber knackte sie die Nuss, holte den Kern heraus und aß ihn und warf die Schale weg, ohne auch nur ein einziges Wort zu verlieren. Darauf ging sie des Weges und verschwand in der Ferne.

«Komisch», sagt der Teufel stirnrunzelnd. «Entweder hat sie meine Perle verschluckt, oder aber ich habe ihr die falsche Nuss gegeben.»

Er holte drei weitere Nüsse aus dem Sack, knackte sie und aß sie auf, doch eine Perle war nicht darin zu finden. Er knackte immer weiter und aß alle Nüsse auf, so ging das den ganzen Nachmittag, bis der Sack leer war und niemand als er selbst hatte sie alle geknackt. Mit den Schalen hatte er eine Riesensauerei angerichtet und die Perle hatte er dabei nicht finden können. Schließlich sagte er: «Es gibt nur eine Möglichkeit: Sie hat sie verschluckt.»

Was blieb ihm also übrig, als in seine Hölle zurückzukehren. Von den vielen Nüssen hatte er ein rechtes Bauchgrimmen und üble Laune. Derweilen war die Bäuerin auf dem Markt angelangt und holte die Perle unter ihrer Zunge hervor, wo sie sie aufbewahrt hatte. Sie tauschte sie gegen zwei Sack Rüben und ein Fässchen Butter und machte sich glücklich wieder auf den Heimweg.

Nicht alle von uns sind habgierig!

APERITIF

NUSS-THYMIAN-BRÖTCHEN

für 12 bis 15 Brötchen

200 g Walnusskerne
500 g Dinkelvollkornmehl oder halb Vollkornmehl/ halb Dinkelmehl/Mehltype 1050
1 Bio-Hefewürfel (42 g)
1 TL Honig
300 ml lauwarmes Wasser
2½ TL Meersalz
1 Bund Thymian, Blättchen abgezupft und gehackt
2 EL Walnussöl

Frischkäse-Kräuter-Aufstrich mit Nüssen

100 g Ziegen- oder Kuhmilch-frischkäse
gehackte Wild- oder Garten-kräuter
1 EL Olivenöl extra nativ oder 1 EL Walnussöl
1 unbehandelte Zitrone, abgeriebene Schale
frisch gemahlener Pfeffer
Kräutermeersalz
einige Walnusskerne

1
Eine Hand voll Nüsse hacken, die restlichen Nüsse fein reiben.

2
Das Mehl in eine Schüssel geben und eine Vertiefung formen. Hefe und Honig in 1 dl/100 ml lauwarmem Wasser auflösen, in die Vertiefung gießen, 2 EL Mehl unterrühren, den Vorteig 15 Minuten gehen lassen.

3
Restliches Wasser, Salz, geriebene und gehackte Nüsse, Thymian und Nussöl zum Vorteig geben und zu einem Teig zusammenfügen, auf der Arbeitsfläche 10 Minuten von Hand oder in der Rührschüssel der Küchenmaschine etwa 5 Minuten mit dem Knethaken auf kleinster Stufe kneten. Die Schüssel mit einem feuchten Tuch bedecken, Teig bei Zimmertemperatur 1 Stunde gehen lassen. Kurz kneten.

4
Den Teig in 12 bis 15 Portionen teilen, längliche oder runde Brötchen formen und diese gut mehlen, auf ein Blech legen. Nochmals 10 Minuten gehen lassen.

5
Den Backofen auf 210 °C vorheizen.

6
Das Blech auf der zweituntersten Schiene in den Backofen schieben, die Brötchen bei 210 °C 15 bis 20 Minuten backen.

7
Für den Brotaufstrich alle Zutaten cuttern/mixen.

VIERFARBIGE FRISCHKÄSE-TRUFFES

ABBILDUNG 40 41

für ca. 20 Truffes

200 g Ziegen- oder Kuhmilch-frischkäse
100 g Walnusskerne
1–2 EL Olivenöl extra nativ
Kräutermeersalz
frisch gemahlener Pfeffer

Paprika- und Currypulver
fein geschnittener Bärlauch
fein geschnittenes Basilikum
fein geschnittene Rosenblüten-blätter von ungespritzten Rosen

1
Frischkäse, Nüsse und Olivenöl mixen/cuttern, mit Kräutersalz und Pfeffer abschmecken.

2
Den Frischkäse mit einer kleinen Eiszange portionieren, in den Gewürzen oder in den Kräutern wenden und gleichzeitig nachformen.

Tipp
Ein einfacher, dekorativer Aperitif. Mit einem Gläschen Prosecco oder Wein genießen.

NUSSBROT MIT PARMESAN

1½ kg Dinkelmehl/ Mehltype 1050 oder halb Dinkelmehl/Mehltype 630 und halb Dinkelmehl/Mehltype 1050
30 g Meersalz
1 Bio-Hefewürfel (42 g)
60 ml Olivenöl extra nativ
250 g geriebener Parmesan
6½ dl/650 ml Wasser
250 g Walnusskerne

1
Mehl, Salz, zerbröckelte Hefe, Olivenöl und Parmesan in der Schüssel der Küchenmaschine mit dem Knet-haken mischen. Wasser nach und nach zugeben und den Teig auf kleinster Stufe 10 Minuten kneten. Nüsse zugeben und einkneten.

2
Teig in Portionen von 250 g teilen, rund formen, auf ein eingefettetes Blech legen. Bei 25 °C (Zimmertemperatur oder Backofen) 1 Stunde oder länger gehen lassen.

3
Den Backofen auf 220 °C vorheizen.

4
Das Blech auf der zweituntersten Schiene in den Ofen schieben, die Brote bei 220 °C 45 Minuten backen.

ROQUEFORT-NUSS-MUFFINS

für 12 Muffins

250 g Dinkelmehl/ Mehltype 1050
½ TL Meersalz
2 TL phosphatfreies Backpulver
75 g geriebene Walnusskerne
2 Freilandeier
2½ dl/250 ml Milch
50 g flüssige Butter oder 0,4 dl/40 ml Olivenöl extra nativ
1 Zweig Rosmarin, Nadeln abgestreift und fein gehackt
150 g Roquefort oder Appenzeller Käse, gewürfelt
12 Walnusskernhälften für die Garnitur

1
Den Backofen auf 200 °C vorheizen. Die Muffinförmchen einfetten, mit Mehl ausstäuben. Bei Papierförmchen für eine schöne Form jeweils drei Förmchen ineinander stecken.

2
Mehl, Salz, Backpulver und Nüsse mischen. Eier, Milch und Butter verquirlen, Rosmarin unterrühren, zur Mehlmischung geben, zu einem glatten Teig rühren.

3
Den Teig bis auf halbe Höhe in die Förmchen füllen, einen Käsewürfel darauf legen und den restlichen Teig darüber verteilen. Mit einer Nuss garnieren.

4
Die Blechförmchen auf ein Gitter, die Papierförmchen auf ein Blech stellen, die Muffins auf der zweituntersten Schiene bei 200 °C 20 bis 25 Minuten backen.

Tipp
Warm oder lauwarm zu einem Glas Wein servieren.

ORIENTALISCHE PEPERONI-NUSS-PASTE

für 4 Portionen

2 rote oder gelbe Peperoni/ Paprikaschoten
100 g Walnusskerne
2 Knoblauchzehen
1 TL Paprikapulver
1 getrocknete rote Chilischote, zerbröselt, nach Belieben
½ Zitrone, Saft
2 EL Olivenöl extra nativ oder je 1 EL Walnussöl und Olivenöl
100 g Schafmilchjogurt
1 EL gehackte glattblättrige Petersilie
Meersalz
frisch gemahlener Pfeffer

1
Die ganzen Peperoni im Ofen bei 220 bis 230 °C etwa 30 Minuten grillen, bis die Haut fast schwarz ist. Herausnehmen. Peperoni ein paar Minuten mit einem feuchten Tuch bedecken, dann häuten, halbieren, entkernen, Stielansatz entfernen, Gemüse zerkleinern.

2
Alle Zutaten im Cutter oder mit dem Stabmixer zu einer Paste verarbeiten. Oder von Hand im Mörser fein zerstoßen. Mit Salz und Pfeffer abschmecken.

Tipp
Auf gerösteten Brotscheiben oder als Sauce zu Pasta oder gegrilltem Fleisch servieren.

Herkunft
In Syrien und in der Türkei ist die Peperoni-Nuss-Paste ein beliebter Antipasto, zu dem Fladenbrot/Pitta serviert wird.

NUSS-DATTEL-BUTTER

ABBILDUNG SEITE 39

100 g weiche Butter
40 g gehackte Walnusskerne
8 entsteinte Datteln
1 Msp Zimtpulver

Alle Zutaten im Mixer oder im Cutter zu einer feinen Masse verarbeiten. In ein Schälchen füllen. Kühl stellen.

PIKANTER ROQUEFORT-BIRNEN-CAKE MIT NÜSSEN

für eine Cake-/Kastenform von 24 cm Länge

3 Freilandeier
100 ml Milch
100 ml Olivenöl extra nativ
3 EL Walnussöl
180 g Dinkelmehl/ Mehltype 630 oder 180 g Dinkelmehl/ Mehltype 1050
½ Briefchen Weinsteinbackpulver
1 Msp frisch gemahlener Pfeffer
100 g geriebener Gruyère
150 g Roquefort, zerbröckelt
2 Birnen, geschält, entkernt, gewürfelt
100 g gehackte Walnusskerne

1
Den Backofen auf 180 °C vorheizen. Die Cakeform mit Butter einfetten und mit Mehl ausstäuben.

2
Eier, Milch und Öle verquirlen. Mehl, Backpulver und Pfeffer mischen und unterrühren. Gruyère, Roquefort, Birnen und Nüsse unterrühren, in die Form füllen, glatt streichen.

3
Die Form in der Mitte in den Ofen schieben, Roquefort-Birnen-Cake bei 180 °C etwa 50 Minuten backen. Stäbchenprobe machen. In der Form auskühlen lassen.

VORSPEISEN

FISCHSALAT MIT NUSSVINAIGRETTE

1 Trevisano/Radicchio di Treviso
1 Hand voll Blattspinat
1 Fenchel
100 g geräucherter Schwertfisch oder Bio-Rauchlachs
1 EL Zitronenthymianblättchen

Tamari-Nüsse

4 EL Walnusskerne
Tamari*
gehackte Rosmarinnadeln

Vinaigrette

1 unbehandelte Zitrone, Saft und abgeriebene Schale
1 TL alter Balsamico-Essig
frisch gemahlener Pfeffer
Kräutermeersalz
3 EL Walnussöl
3 EL Olivenöl extra nativ

1

Zuerst die Tamari-Nüsse zubereiten:
Die Nüsse in einer Bratpfanne ohne Fett bei mittlerer Hitze unter Rühren einige Minuten rösten. Mit ein wenig Tamari ablöschen und kurz weiterrühren, Rosmarinnadeln zufügen. Die Nüsse auf einen Teller geben.

2

Salat nach Belieben klein zupfen. Grobfaserige Teile beim Fenchel entfernen, Knolle halbieren und quer in Scheiben schneiden. Fenchel in Streifen schneiden und mischen.

3

Alle Zutaten für die Vinaigrette verquirlen.

4

Trevisano, Spinat und Fenchel auf Tellern anrichten. Mit der Vinaigrette beträufeln. Fisch darauf legen, mit Tamari-Nüssen und Zitronenthymian garnieren.

Tamari-Nüsse

Die leicht salzigen, knusperigen Nüsse schmecken als Beilage zu Salat oder zum Aperitif.

* Tamari ist eine vollmundig schmeckende japanische Sojasauce, die im Gegensatz zur Shoju aus Sojabohnen hergestellt wir (erhältlich im Naturkostladen, z. B. von ARCHE).

SHERRY-VINAIGRETTE

50 ABBILDUNG
51

2 TL grobkörniger Senf
5 EL Sherry-Essig
5 EL Walnussöl
4 EL Olivenöl extra nativ
1 TL Akazienblütenhonig
½ Bund Petersilie, Blättchen abgezupft, fein gehackt
Kräutermeersalz
frisch gemahlener Pfeffer

Die Zutaten mit dem Stabmixer zu einer homogenen Masse verarbeiten, die Vinaigrette mit Salz und Pfeffer abschmecken.

TOMATEN-VINAIGRETTE

1 EL Rotweinessig
1 EL Gemüsebrühe
1 EL Rotwein
1 Msp Akazienblütenhonig
5 EL Walnussöl oder halb Walnussöl/ halb Olivenöl extra nativ
frisch gemahlener Pfeffer
1 Prise Meersalz
½ Bund Schnittlauch
1 Tomate

1
Essig, Gemüsebrühe, Rotwein, Honig und Öl mit dem Stabmixer mixen, mit Pfeffer und Salz abschmecken.

2
Den Schnittlauch fein schneiden. Die Tomate schälen, den Stielansatz kreisförmig herausschneiden, Tomate vierteln, entkernen, in Würfelchen schneiden. Beides zur Sauce geben.

FRISCHKÄSE MIT NUSS-KRÄUTER-KRUSTE

4 Formaggini, aus Ziegen- oder Kuhmilch
1 verquirltes Eiweiß

4 EL geriebene Walnüsse
4 EL Olivenöl extra nativ
1 unbehandelte Zitrone, abgeriebene Schale
2 EL geriebener Sbrinz oder Pecorino
ca. 3 EL fein gehackte Kräuter, Rosmarinnadeln, Blättchen von Thymian, Majoran, Basilikum
Kräutermeersalz
frisch gemahlener Pfeffer

Salat

je 1 Hand voll junge Bärlauch- und Löwenzahnblätter
Rucola
Sauerampferblätter
junge Spinatblätter
Schafgarbenblätter
12 rohe grüne Spargelspitzen

Vinaigrette

1 Zitrone, Saft
1 EL Balsamico-Essig
Kräutermeersalz
frisch gemahlener Pfeffer
2 EL Walnussöl
4 EL Olivenöl extra nativ

Blüten von Veilchen oder wilden Stiefmütterchen
geröstete Walnusskerne für die Garnitur

1
Den Salat und die Kräuter gründlich waschen, trocken schleudern. Je nach Größe zerkleinern. Die Spargelspitzen nach Belieben längs halbieren.

2
Den Backofen auf 220 °C vorheizen.

3
Formaggini auf ein mit Backpapier belegtes Backblech legen. Mit dem verquirlten Eiweiß bepinseln.

4
Für die Kruste Nüsse, Öl, Zitronenschalen, Käse und Kräuter mischen, würzen. Auf die Formaggini verteilen.

5
Den Salat mit der Vinaigrette mischen, auf Teller verteilen.

6
Die Formaggini in den Ofen schieben und bei 220 °C 5 Minuten überbacken. Backvorgang überwachen, weil die Formaggini unterschiedlich rasch zerlaufen.

7
Die Formaggini auf den Salat setzen. Den Salat mit den Nüssen und Blüten garnieren.

GRÜNSPARGEL MIT ERDBEER-NUSS-DRESSING

54 ABBILDUNG
55

für 2 Personen

1 Bund grüner Spargel

10 reife Bio-Erdbeeren
2 EL Zitronensaft
4 EL Walnussöl oder halb Walnussöl/halb Olivenöl extra nativ
frisch gemahlener schwarzer Pfeffer

4 EL Walnusskerne
Tamari (japanische Sojasauce)

in Salzlake eingelegte Pfefferkörner

1
Das untere Drittel beim Grünspargel schälen, Schnittstelle großzügig kappen. Den Spargel über Dampf weich garen, etwa 10 Minuten.

2
Die Erdbeeren entstielen, mit dem Zitronensaft und dem Walnussöl pürieren.

3
Die Nüsse in einer Bratpfanne ohne Fett bei mittlerer Hitze unter Rühren einige Minuten rösten. Mit ein wenig Tamari ablöschen und kurz weiterrühren.

4
Den Grünspargel auf dem Erdbeer-Nuss-Dressing anrichten. Pfefferkörner und Nüsse darüber streuen.

Tipp
Das Dressing passt auch zu Blattsalaten.

BIRNENSALAT MIT KARAMELLISIERTEN NÜSSEN

2 reife, feste Birnen
3 EL Akazienblütenhonig oder Birnendicksaft
60 g Walnusskerne
200 g Brie oder Camembert, in Scheiben

Vinaigrette
2 EL Rotweinessig
Meersalz
frisch gemahlener Pfeffer
2 EL Walnussöl
2 EL Olivenöl extra nativ

1
Nüsse in einer Bratpfanne im Akazienblütenhonig oder im Birnendicksaft bei mittlerer Hitze karamellisieren.

2
Die Birnen schälen, vierteln und entkernen, die Viertel in feine Spalten schneiden.

3
Die Vinaigrette mit einem Schneebesen mischen.

4
Birnen mit dem Brie auf Tellern anrichten, Vinaigrette darüber träufeln, mit den Nüssen garnieren.

HERBSTLICHER SALAT MIT FRÜCHTEN

56 ABBILDUNG
57

200 g Rotkohl, fein gehobelt
200 g Knollensellerie, fein gehobelt
1 säuerlicher Apfel
1 Orange
50 g Walnusskerne

Sauce
1 Zitrone, Saft
3 EL Olivenöl extra nativ
2 EL Walnussöl
Meersalz
2 EL gehackte Petersilie

1
Die Sauce zubereiten, die Kräuter unterrühren.

2
Den Rotkohl und den geschälten Sellerie zur Sauce hobeln. Den Apfel schälen, vierteln und entkernen, in feine Spalten schneiden. Kabis, Sellerie und Äpfel mit der Sauce vermengen.

3
Den Salat anrichten. Die Orange großzügig schälen, die Fruchtfilets aus den Trennhäutchen schneiden, entkernen, mit den Nüssen als Garnitur verwenden.

FENCHEL-LÖWENZAHN-SALAT MIT NÜSSEN

1 mittelgroßer Fenchel
150 g junger Löwenzahn oder
2 Bund Rucola
einige geröstete Walnusskerne

Vinaigrette
1 Zitrone, Saft
Meersalz
frisch gemahlener Pfeffer
3 EL Olivenöl extra nativ
1 EL Walnussöl

1
Den Fenchel fein hobeln. Den Blattsalat in mundgerechte Stücke zupfen.

2
Die Vinaigrette zubereiten.

3
Fenchel und Blattsalat mit der Vinaigrette vermengen, mit den Nüssen garnieren.

KOHLSALAT MIT ÄPFELN UND ROSINEN

400 g Rotkohl
1 Hand voll Rosinen
1 roter Apfel
1 Hand voll Walnusskerne

krause Endivie für die Garnitur

Sauce

1 unbehandelte Zitrone, abgeriebene Schale und Saft
2 EL Apfel- oder Balsamico-Essig
1 TL Akazienhonig
Meersalz
1 Prise Cayennepfeffer
3 EL Olivenöl extra nativ
2 EL Walnussöl
1 EL gehackte glattblättrige Petersilie

1

Zuerst die Sauce zubereiten.

2

Den Rotkohl fein hobeln, zusammen mit den Rosinen mit der Sauce vermengen, 30 Minuten ziehen lassen. Den Apfel ungeschält vierteln und entkernen, Viertel in Würfelchen schneiden, unter den Salat mischen.

3

Den Salat auf der krausen Endivie anrichten, mit den Nüssen garnieren.

MAHLZEITEN

TAGLIATELLE MIT NUSS-MASCARPONE-SAUCE

für 4 bis 6 Personen

3 Freilandeier
4 Eigelbe von Freilandeiern
1 EL Walnussöl
200 g Dinkelhalbweißmehl
200 g Hartweizenmehl für Pasta
100 g fein geriebene Walnüsse
wenig Wasser nach Bedarf

Nuss-Mascarpone-Sauce
3 EL Olivenöl extra nativ
1 kleine Zwiebel oder Schalotte, fein gehackt
120 ml Weißwein
200 g Mascarpone
80 g gehackte Walnusskerne
1 unbehandelte Zitrone, wenig abgeriebene Schale
Kräutermeersalz
frisch gemahlener Pfeffer

einige schöne Salbeiblätter für die Garnitur
Olivenöl extra nativ zum Braten

1
Für die Pasta Eier, Eigelbe und Öl verquirlen, Mehl und Nüsse zugeben und zu einem Teig zusammenfügen. In Folie einwickeln, bei Zimmertemperatur etwa 30 Minuten ruhen lassen.

2
Den Teig auf leicht bemehlter Arbeitsfläche portionenweise ausrollen, immer wieder mehlen, bis der Teig dünn genug ist. In beliebig breite Streifen schneiden.

3
Für die Sauce die Zwiebeln im Olivenöl andünsten, mit dem Weißwein ablöschen, einige Minuten köcheln lassen. Kurz vor dem Servieren Mascarpone, Nüsse und Zitronenschalen unterrühren, würzen.

4
Die Pasta in reichlich Salzwasser al dente kochen.

5
Die Salbeiblätter in wenig Olivenöl kurz knusprig braten.

6
Die Pasta abgießen, mit der heißen Sauce vermengen. Anrichten. Mit dem Salbei garnieren.

Rezept
Das Rezept stammt von einem Bio-Weinhändler. Diese Pasta liefert einige Kalorien, versuchen sollte man sie aber trotzdem. Ein kulinarisches Erlebnis!

TAGLIATELLE MIT BARBA DI FRATE UND PESTO

62 ABBILDUNG
63

300–400 g Tagliatelle/Nudeln
ca. 1 kg Barba di Frate
2–3 EL Olivenöl extra nativ

Nusspesto
1 Bund (75–100 g) Basilikum oder Bärlauch oder glattblättrige Petersilie
150 ml Olivenöl extra nativ, evtl. gemischt mit Nussöl
100 g Walnusskerne
60 g Pecorino oder Sbrinz am Stück, zerkleinert
2–3 Knoblauchzehen
Meersalz
frisch gemahlener Pfeffer

1
Für den Nusspesto die Kräuter von den Stielen zupfen. Bärlauch in Streifen schneiden. Kräuter, Öl, Nüsse, Käse und Knoblauchzehen zu einer nicht zu feinen Paste mixen, mit Salz und Pfeffer abschmecken.

2
Die Wurzeln beim Barba di Frate großzügig abschneiden, unter fließendem Wasser gründlich waschen, um allen Sand zu entfernen.

3
In einem großen Kochtopf reichlich Salzwasser erhitzen. Tagliatelle zugeben, al dente kochen, Barba di Frate 4 Minuten lang mitkochen, abgießen. In einer vorgewärmten Schüssel mit dem Olivenöl vermengen, sofort in vorgewärmten Tellern anrichten. Einen Esslöffel Pesto darauf geben oder separat servieren.

Barba di Frate
Ist im Frühling auf dem Gemüsemarkt beim Italiener oder im Delikatessenladen zu finden. Barba di Frate stammt aus der Toskana.

NUSS-OLIVENÖL-PASTE

100 g geriebene Walnüsse
Olivenöl extra nativ
3–4 Knoblauchzehen
fein gehackte Rosmarinnadeln oder fein gehackte glattblättrige Petersilie
Kräutermeersalz

So viel Olivenöl unter die Nüsse rühren, dass eine streichfähige Masse entsteht, Knoblauchzehen dazupressen und zusammen mit den Kräutern unterrühren, mit Kräutersalz abschmecken.

Tipp
Passt zu Pasta, geröstetem Brot, Ofenkartoffeln oder gedünstetem Gemüse, z. B. Lauch, Karotten.

TORTIGLIONI MIT TOMATEN-ERBSEN-NUSS-SAUCE

400 g Tortiglioni oder Penne

5 reife Fleischtomaten, ca. 600 g
1 mittelgroße Karotte
2 EL Olivenöl extra nativ
1 mittelgroße Zwiebel, fein gehackt
1 junger Rosmarinzweig, Nadeln abgestreift
1 Thymianzweigchen
100 ml Rotwein
1 Lorbeerblatt
2 Hand voll grüne Erbsen
2 EL gehackte glattblättrige Petersilie oder
2 EL fein geschnittenes Basilikum
70 g gehackte Walnusskerne

Parmesan

1
Die Karotte schälen und auf der Röstiraffel raspeln. Den Stielansatz der Tomaten großzügig herausschneiden, Tomaten vierteln oder achteln.

2
Zwiebeln und Karotten im Olivenöl andünsten, Tomaten und Kräuter einige Minuten mitdünsten, mit dem Rotwein ablöschen. Das Lorbeerblatt zugeben und bei schwacher Hitze zu einer Sauce einköcheln lassen, je nach Konsistenz noch ein wenig Wasser oder Rotwein unterrühren. Das Lorbeerblatt entfernen. Kurz vor dem Servieren die Erbsen zur Sauce geben, erhitzen und 2 bis 3 Minuten köcheln lassen, Kräuter und Nüsse unterrühren.

3
Die Tortiglioni in reichlich Salzwasser al dente kochen, abgießen, in vorgewärmten Tellern anrichten. Die Sauce darüber verteilen.

Variante (Teller hinten)
50 g leicht geröstete, geriebene Walnusskerne, 2 bis 3 Esslöffel geriebenen Pecorino oder Sbrinz und je 4 Esslöffel Olivenöl extra nativ und Walnussöl vermengen, mit Kräutersalz würzen, je nach Konsistenz mit Rahm verdünnen. Mit den heißen Teigwaren vermengen, auf vorgewärmten Tellern anrichten, sofort servieren.

NUSS-RAVIOLI

66 ABBILDUNG
67

200 g Halbweißmehl
100 g Nussmehl (Seite 26)
2 Freilandeier
1 TL Meersalz
2–3 EL Wasser
ca. 1 TL Walnussöl

1 verquirltes Ei

Füllung
100 g Nussmehl (Seite 26) oder gemahlene Walnüsse
50 g gehackte Walnusskerne
100 g Ricotta
40 g Ziegenfrischkäse
Meersalz oder Kräutermeersalz
frisch gemahlener Pfeffer

1
Für den Teig alle Zutaten zusammenfügen und geschmeidig kneten. In Folie einwickeln und bei Zimmertemperatur 30 Minuten ruhen lassen.

2
Den Teig mit Hilfe einer Teigmaschine/Nudelmaschine oder auf gut gemehlter Arbeitsfläche möglichst dünn ausrollen, Quadrate von 8 cm Seitenlänge schneiden. Alle Teigvierecke mit Ei bepinseln.

3
Alle Zutaten für die Füllung vermengen, mit Salz und Pfeffer abschmecken. Die Füllung auf die Hälfte der Teigplätzchen verteilen, ein zweites Teigplätzchen darauf legen, Ränder mit einer Gabel zusammendrücken. Reichlich Salzwasser erhitzen, die Ravioli darin al dente kochen.

Tipp
Mit in Butter gerösteten Walnüssen und Traubenbeeren garnieren.

Rezept
Aus der Grabenöli Lüterswil.

LINGUINE MIT NÜSSEN UND KASTANIEN

300 g Linguine
oder Pasta nach Wahl
2 EL Olivenöl extra nativ
12 gekochte Kastanien
aus dem Glas
50 g Walnusskerne
2 Knoblauchzehen,
in feinen Scheiben
1 Hand voll Salbeiblätter
Meersalz
frisch gemahlener Pfeffer
4 EL Olivenöl extra nativ
40 g Sbrinz oder
Pecorino, gehobelt

1
Die Pasta in reichlich Salzwasser al dente kochen, abgießen, unter kaltem Wasser abschrecken.
2
Kastanien, Nüsse und Knoblauch im Olivenöl kurz braten, Salbeiblätter am Schluss kurz mitbraten, mit Salz und Pfeffer abschmecken.
3
Linguine und das restliche Olivenöl zu den Kastanien geben, vermengen. Anrichten. Mit Sbrinz bestreuen.

Kastanien
Für dieses Gericht keine tiefgekühlten Kastanien verwenden, weil sie zu wenig Aroma haben.

TUNESISCHE NUSS-KNOBLAUCH-SAUCE

1 ganze erntefrische
Knoblauchzwiebel
2–4 Scheiben eingeweichtes
altbackenes helles Brot,
ausgedrückt
1 Zitrone, Saft
50 g geriebene Walnüsse
oder Nussmehl (Seite 26)
5 EL Olivenöl extra nativ
2–3 EL gehackte
glattblättrige Petersilie
Meersalz
frisch gemahlener Pfeffer

1
Die Knoblauchzwiebel quer halbieren und so wie die Peperoni/Paprikaschoten auf Seite 44 rösten. Das Knoblauchfleisch mit einem kleinen Löffel aus den Schalen lösen.
2
Knoblauchfleisch und übrige Zutaten pürieren, mit Salz und Pfeffer abschmecken.
Tipp
Zu gedünstetem Gemüse oder kurz gebratenem Fleisch servieren.

LAMM-GEMÜSE-SPIESS MIT NUSSDIP

Spieß

400–500 g Lammfilet, gewürfelt
4 mittelgroße rote Zwiebeln
frische Lorbeerblätter
Kräutermeersalz
frisch gemahlener Pfeffer
Olivenöl extra nativ zum Braten

Nussdip

80 g fein gemahlene Walnusskerne (fast mehlfein) oder Nussmehl (Seite 26)
180 g Schafmilchjogurt
20 g geriebener Pecorino oder Parmesan
1 kleine Knoblauchzehe
1 Prise Paprikapulver
1 Chilischote, aufgeschnitten, nach Belieben entkernt

1
Für den Dip alle Zutaten mixen, mit Salz und Pfeffer abschmecken.

2
Für die Spieße Zwiebeln schälen und vierteln. Lammfleischwürfel, Zwiebeln und Lorbeerblätter abwechselnd auf Spießchen reihen, mit Salz und Pfeffer würzen. In einer großen Bratpfanne in wenig Olivenöl bei mittlerer Hitze braten.

Tipp
Mit Ofenkartoffeln servieren.

Variante
Zusätzlich 1 bis 2 Esslöffel gehackte glattblättrige Petersilie unter den Dip rühren.

KARTOFFEL-NUSS-GNOCCHI

500 g mehlig kochende Kartoffeln
2 Freilandeier, verquirlt
2 EL Pfeilwurzelmehl oder Mais- oder Kartoffelstärke
50 g gehackte Walnusskerne
2 EL fein gehackte glattblättrige Petersilie
Meersalz
frisch gemahlener Pfeffer
frisch geriebene Muskatnuss

Walnussöl
geriebener Sbrinz oder Parmesan

1

Kartoffeln schälen, würfeln und über Dampf weich garen. Noch heiß durch das Passevite/die Flotte Lotte drehen. Eier, Pfeilwurzelmehl, Nüsse und Petersilie unterrühren, würzen. Aus der Kartoffelmasse mit einem Kaffeelöffel Klößchen formen.

2

In einem großen Kochtopf reichlich Salzwasser erhitzen. Gnocchi portionenweise in das Kochwasser geben, an die Oberfläche steigen lassen, mit einem Schaumlöffel herausnehmen und in eine vorgewärmte Schüssel geben, ein wenig Nussöl darüber träufeln, warm stellen. Käse separat servieren.

Tipp

Ganze Cherrytomaten mit gehackten Kräutern in wenig Olivenöl kurz dünsten, über die Gnocchi verteilen.

REIS MIT LAUCH UND NÜSSEN

150 g Langkorn-Vollreis
350 ml Gemüsebrühe
1 EL Olivenöl extra nativ
500 g grüner Lauch
3 EL Weißwein
100 ml Rahm/Sahne
100 g Walnusskerne, gehackt
Meersalz
frisch gemahlener Pfeffer
gehackte glattblättrige Petersilie

geriebener Gruyère oder Appenzeller Käse

1

Den Reis in kaltem Wasser 2 Stunden einweichen, abgießen. Mit der Gemüsebrühe aufsetzen, aufkochen, zugedeckt bei schwacher Hitze quellen lassen, bis die Körner al dente/bissfest sind.

2

Die grobfaserigen Hüllblätter beim Lauch entfernen, die Stangen längs halbieren und in 1 cm breite Streifen schneiden. Den Lauch im Olivenöl andünsten, mit dem Weißwein und dem Rahm ablöschen, den Lauch köcheln, bis er bissfest ist; Walnüsse zugeben.

3

Reis unter den Lauch rühren, erhitzen, abschmecken. Petersilie unterrühren. Käse separat servieren.

PIKANTER NUSS-KRÄUTER-«BRATEN»

für eine Cake-/Kastenform von 15 cm Länge

2 EL Olivenöl extra nativ
1 mittelgroße Zwiebel, fein gehackt
100 g geriebene Walnüsse
100 g geriebenes altbackenes Brot
2 Freilandeier
50 g geriebener Käse
2 EL gehackte Kräuter, z. B. Rosmarinnadeln, Thymian, Salbei
1 Knoblauchzehe, nach Belieben
Kräutermeersalz
frisch gemahlener Pfeffer

1
Den Backofen auf 180 °C vorheizen.

2
Die Zwiebeln im Olivenöl andünsten. Nüsse, Brot, Eier, Käse, Kräuter und durchgepresste Knoblauchzehe zufügen, gut vermengen, mit Kräutersalz und Pfeffer würzen. Die Masse in die Cakeform füllen.

3
Die Form in der Mitte in den Ofen schieben, «Braten» bei 180 °C 30 bis 45 Minuten backen. 10 Minuten ruhen lassen, erst dann in Scheiben schneiden.

Tipp
Mit einer pikanten Rotwein-Thymian-Sauce servieren.

KALBSMEDAILLONS IN NUSS-KRÄUTER-KRUSTE

450 g Kalbsmedaillons,
12 Scheiben

100 g grob geriebene Walnüsse
2 Hand voll gehackte Kräuter,
z. B. Thymian, Rosmarin,
Majoran, Salbei
1 unbehandelte Zitrone,
wenig abgeriebene Schale
Kräutermeersalz
frisch gemahlener Pfeffer

1–2 Eiweiß

Olivenöl extra nativ zum Braten

Zitronenscheiben
für die Garnitur

1
Nüsse, Kräuter und Zitronenschalen mischen, mit Kräutersalz und Pfeffer würzen.

2
Das Eiweiß gut verquirlen.

3
Medaillons zuerst im Eiweiß, dann in der Nusspanade wenden, gut andrücken. Das Fleisch in einer Bratpfanne bei mittlerer Hitze beidseitig je 4 bis 5 Minuten braten.

Tipp
Auf zweifarbigen Nudeln servieren.

Varianten
Kalbfleisch durch Lamm- oder Poulet-/Hähnchenfleisch oder frisches Thunfischfilet ersetzen.

NUSSKNÖPFLI MIT GRÜNEN BOHNEN

Knöpfli

**350 g Dinkelmehl/
Mehltype 1050**
75 g geriebene Walnüsse
1½ TL Meersalz
2 dl/200 ml Milch
4 Freilandeier
1½ EL Walnussöl

600 g grüne Bohnen
2 mittelgroße rote Zwiebeln
2–3 EL Olivenöl extra nativ oder halb Olivenöl/ halb Walnussöl
abgezupfte Thymianblättchen oder gehackte Rosmarinnadeln
geriebener Pecorino oder Sbrinz

1
Für den Knöpfliteig Mehl, geriebene Nüsse und Salz mischen, Milch, Ei und Nussöl nach und nach zugeben, Teig rühren, bis er Blasen wirft. Zugedeckt 30 Minuten ruhen lassen.

2
Stielansatz bei den Bohnen abschneiden und gleichzeitig den zähen Faden abziehen. Bohnen über Dampf knackig garen, unter kaltem Wasser abschrecken. Je nach Größe halbieren oder dritteln.

3
Für die Knöpfli reichlich Salzwasser in einem großen Kochtopf erhitzen. Den Teig portionenweise durch das Knöpflisieb streichen, Knöpfli an die Oberfläche steigen lassen, mit einem Schaumlöffel herausnehmen und unter kaltem Wasser abschrecken, damit sie nicht aneinander kleben und fest werden.

4
Die Zwiebeln halbieren und in möglichst feine Streifen schneiden, in einer weiten Bratpfanne in einem Esslöffel Olivenöl braten, beiseite stellen.

5
Das restliche Olivenöl in der Zwiebelpfanne erhitzen, Knöpfli zugeben und bei mittlerer Hitze braten. Kräuter, Bohnen und Zwiebeln zugeben, 2 bis 3 Minuten weiterbraten. Anrichten; Käse separat servieren.

ROSMARIN-KARTOFFELN MIT CHERRYTOMATEN

Olivenöl extra nativ zum Braten
1 kg erntefrische Kartoffeln (Frühkartoffeln)
20 Cherrytomaten
3 EL fein gehackte Rosmarinnadeln
2–4 große Knoblauchzehen, in Scheiben, nach Belieben
50 g Walnusskerne
1 eperoncino, in Ringen, nach Belieben
20 schwarze Oliven, nach Belieben
1 unbehandelte Zitrone, wenig abgeriebene Schale
Kräutermeersalz
frisch gemahlener Pfeffer
glattblättrige Petersilie für die Garnitur

1

Die Kartoffeln gründlich waschen, nicht schälen, je nach Größe längs halbieren oder vierteln. Über Dampf 10 Minuten vorgaren.

2

Kartoffeln in einer Bratpfanne im Olivenöl bei mittlerer Hitze 10 bis 15 Minuten braten, ganze Cherrytomaten zugeben, weiterbraten, bis sie schrumpfen. Rosmarin, Knoblauch, Nüsse und Peperoncini zugeben, kurz weiterbraten. Oliven unterrühren, mit Zitronenschalen, Kräutersalz und Pfeffer abschmecken. Mit der Petersilie garnieren.

Tipps

Solo mit einem Salat servieren oder als Beilage zu Hähnchen oder Fisch. Auch Thymian, Salbei und Majoran passen gut zu den Kartoffeln. Die Kartoffeln mit Rosmarinöl verfeinern.

NUSS-KARTOFFEL-PASTETE

für 2 Cake-/Kastenformen von 15 cm Länge

500 g mehlig kochende Kartoffeln
100 g grob gehackte Walnusskerne
120 g geriebener Gruyère oder anderer Reibkäse
3 Freilandeier, Eigelb und Eiweiß getrennt
1 TL eingelegte grüne Pfefferkörner
1 TL Meersalz
1 EL gehackte Kräuter, z. B. Basilikum, Bärlauch oder glattblättrige Petersilie

1
Die Kartoffeln in der Schale über Dampf weich garen.

2
Den Backofen auf 180 °C vorheizen. Die beiden Formen einfetten.

3
Die gegarten Kartoffeln noch heiß schälen und durch das Passevite/die Flotte Lotte drehen oder mit dem Kartoffelstampfer fein zerdrücken. Nüsse, Käse, Eigelbe und Pfefferkörner unterrühren, mit Salz und Kräutern würzen. Das Eiweiß zu Schnee schlagen und unterziehen. Masse in die Formen füllen.

4
Pasteten auf mittlerer Schiene in den Ofen schieben, bei 180 °C 30 bis 40 Minuten backen. Auskühlen lassen.

Tipp
Mit Crème fraîche servieren, die man mit reichlich gehackten Kräutern anreichert und mit Salz und Pfeffer abschmeckt.

GRIECHISCHE KARTOFFEL-ZUCCHINI-QUICHE

für eine Backform Form von 30 cm Durchmesser

1 ausgerollter Bio-Blätterteig

4 mittelgroße Kartoffeln, ca. 400 g
250 g Zucchini
200 g Feta oder Ziegenfrischkäse

Guss
2 Freilandeier
1 Eigelb von einem Freilandei
2 dl/200 ml Rahm/Sahne
2 EL Nusspesto, Seite 62
1 Hand voll Basilikumblätter, in Streifen
1 EL Thymianblättchen, nach Belieben
1–2 getrocknete rote Chilischoten, zerbröselt, nach Belieben
½ unbehandelte Zitrone, abgeriebene Schale
60 g grob gehackte Walnusskerne

Kräutermeersalz
frisch gemahlener Pfeffer

1
Die Kartoffeln in der Schale über Dampf knapp weich kochen, ein wenig abkühlen lassen, schälen und in etwa 3 mm dicke Scheiben schneiden. Feta grob zerbröckeln. Zucchini beidseitig kappen und in feine Scheiben hobeln. Kartoffeln, Feta und Zucchini von Hand vermengen.

2
Für den Guss Eier, Eigelb, Rahm und Nusspesto verquirlen, Kräuter, Chili, Zitronenschalen und Nüsse unterrühren, würzen.

3
Den Backofen auf 200 °C vorheizen.

4
Den Blätterteig auf Formgröße ausrollen, in die Form legen, mit einer Gabel ein paar Mal einstechen.

5
Kartoffel- und Zucchinischeiben abwechselnd auf den Teigboden legen, zuerst den Feta, dann den Guss darüber verteilen.

6
Die Form auf der zweituntersten Schiene in den Ofen schieben, bei 200 °C etwa 40 Minuten backen.

Tipp
Warm, lauwarm oder kalt genießen.

Rezept
Für diese Quiche ist ein Teig aus Weißmehl besser geeignet als einer aus Vollkornmehl, weil er geschmacklich neutraler ist. Der Pesto kann im Frühling auch mit Bärlauch zubereitet werden. Im Sommer kann die Quiche mit ein paar halbierten Cherrytomaten garniert werden.

BÄRLAUCH-NUSS-CAKE

für eine Cake-/Kastenform von 15 cm Länge

Cake

180 g Weizenmehl
1 Briefchen Backpulver
3 EL Olivenöl extra nativ
3 Freilandeier
100 ml Milch
1 TL Meersalz
frisch gemahlener Pfeffer
100 g geriebener Gruyère
40 g geriebene oder gehackte Walnusskerne
150 g Pesto (Rezept unten)

Pesto

150 g Bärlauch oder
2 Bund Basilikum
3 Knoblauchzehen
50 g Walnusskerne
4 EL geriebener Pecorino oder Sbrinz
100 ml Olivenöl extra nativ
grobes Meersalz

1

Für den Pesto die Stiele beim Bärlauch entfernen oder die Basilikumblätter von den Stielen zupfen. Alle Zutaten nicht zu fein mixen.

2

Den Backofen auf 180 °C vorheizen. Cakeform einfetten.

3

Mehl und Backpulver mischen. Öl, Eier und Milch verquirlen, mit Salz und Pfeffer würzen, das Mehl zugeben und glatt rühren, Käse, Nüsse und Pesto unterrühren. Den Teig in die Form füllen.

4

Die Form in der Mitte in den Ofen schieben, den Cake bei 180 °C etwa 50 Minuten backen. Stäbchenprobe machen. In der Form erkalten lassen.

PIKANTER KÜRBISKUCHEN

für eine Kuchenform von 28 cm Durchmesser

300 g Dinkelmehl/ Mehltype 1050
180 ml lauwarmes Wasser
15 g Bio-Hefe
1 TL Meersalz
3 EL Olivenöl extra nativ

Belag

900 g mehliger Kürbis, z. B. Potimarron
100 g gehackte Walnusskerne
180 ml Sauerrahm/ saure Sahne
frisch geriebene Muskatnuss
frisch gemahlener Pfeffer
Kräutermeersalz
120 g geriebener Sbrinz oder Pecorino

1

Das Mehl in eine Schüssel geben und eine Vertiefung formen. Die Hefe in der Hälfte des lauwarmen Wassers auflösen, in die Vertiefung gießen, einen Esslöffel Mehl unterrühren, den Vorteig 15 Minuten gehen lassen. Salz, Olivenöl und restliches Wasser zum Vorteig geben, zusammenfügen. Den Teig auf der Arbeitsfläche 10 Minuten von Hand kneten oder 5 Minuten mit dem Knethaken in der Küchenmaschine auf kleinster Stufe. Die Schüssel mit einem feuchten Tuch bedecken, den Hefeteig 30 Minuten gehen lassen.

2

Kürbis schälen und entkernen, auf der Röstiraffel reiben. Kürbis über Dampf 2 Minuten garen, abkühlen lassen.

3

Den Backofen auf 180 °C vorheizen. Die Form einfetten.

4

Den Teig auf Formgröße ausrollen, in die Form legen. Den Sauerrahm darauf ausstreichen. Kürbis und Nüsse vermengen, mit Muskat, Pfeffer und Kräutersalz würzen, auf den Teigboden verteilen. Den Käse darüber streuen.

5

Die Form auf der zweituntersten Schiene in den Ofen schieben; Kürbiskuchen bei 180 °C 40 Minuten backen.

DESSERTS

ZABAIONE MIT NUSSLIKÖR

86 ABBILDUNG
87

für 6 Personen

5 Eigelbe von Freilandeiern
1 Freilandei
100 g Vollrohrzucker
120 ml weißer Merlot
80 ml Nusslikör

1
Alle Zutaten in einer Schüssel, am besten in einer Chromstahlschüssel, über dem kochenden Wasserbad mit dem Schneebesen oder Handrührgerät zu einer luftigen, dickflüssigen Masse aufschlagen.

2
Zabaione in Gläser füllen. Sofort servieren.

Tipp
Die Zabaione passt auch zum Nussparfait, Seite 94.

Rezept
Es stammt von Giordano Orru aus Magadino.

NUSSCRÊPES

für 8 Crêpes

2 Freilandeier
200–250 ml Milch
40 g flüssige Butter
20 g Vollrohrzucker
150 g Dinkelmehl/ Mehltype 1050
50 g Nussmehl (Seite 26)

Olivenöl zum Backen

1
Eier, Milch, Butter und Zucker verrühren, Dinkel- und Nussmehl unterrühren. Crêpeteig zugedeckt 30 Minuten quellen lassen.

2
In einer beschichteten Bratpfanne immer wieder ein wenig Olivenöl erhitzen, die Crêpes ausbacken. Warm stellen.

Tipp
Crêpes mit Früchten und Rahm füllen.

Variante
Den Zucker weglassen und den Teig mit Kräutersalz und gehackten Kräutern würzen. Mit gedünstetem Gemüse und geriebenem Käse füllen.

ORANGEN MIT NUSSLIKÖR MARINIERT

88 ABBILDUNG
89

je 2 Blut- und Blondorangen
4 EL Nusslikör
1 Hand voll Walnusskerne
100 ml Ahornsirup
½ TL Ingwerpulver
je 1 Prise Zimt- und Kardamompulver
10 entsteinte Datteln, in Streifchen
frische Pfefferminze

1
Die Orangen großzügig schälen, die weiße Haut entfernen. Die Früchte in Scheiben schneiden, entkernen. Helle und dunkle Orangenscheiben abwechselnd auf einem großen, flachen Teller oder auf einer Platte anrichten. Mit dem Nusslikör beträufeln.

2
Die Walnüsse im Ahornsirup mit den Gewürzen etwa 5 Minuten köcheln, mit den Dattelstückchen über die Orangenscheiben verteilen. 4 Stunden marinieren.

3
Orangen mit der Pfefferminze garnieren.

MELONEN-FEIGEN-SALAT MIT LIKÖR UND NÜSSEN

1 reife Honig- oder Netzmelone
4 reife dunkle Feigen
4 EL Nusslikör
1 Hand voll Walnusskerne, grob zerkleinert
flüssiger Honig, nach Belieben
Pfefferminze für die Garnitur

1
Die Melone vierteln und entkernen, das Fruchtfleisch von der Schale schneiden und würfeln.

2
Den Stielansatz der Feigen wegschneiden, die Früchte vierteln.

3
Melonen und Feigen mit dem Nusslikör mischen. Über Nacht im Kühlschrank zugedeckt marinieren.

4
Die Nüsse in einer Bratpfanne trocken rösten oder in wenig Honig bei mittlerer Hitze karamellisieren.

5
Fruchtsalat anrichten, mit den Nüssen und Pfefferminzblättchen garnieren.

DATTEL-NUSS-TRUFFES MIT ROSENBLÜTENAROMA

90 ABBILDUNG
91

für 20 bis 25 Truffes

150 g frische oder getrocknete Datteln
100 g Walnusskerne
50 g dunkle Schokolade, 70 % Kakaogehalt
2–3 EL Rosenblütenwasser (bei getrockneten Datteln etwas mehr, damit die Masse bindet)
½ TL Vanillepulver (Bioladen/Reformhaus)
1 Prise Kardamompulver

fein geriebene Schokolade

Pralinenförmchen

1
Frische Datteln halbieren und entsteinen, mit den Nüssen und der Schokolade im Cutter fein hacken, mit Rosenblütenwasser, Vanille und Kardamom aromatisieren.
2
Aus der Masse mit einem kleinen Eisportionierer Kugeln abstechen, in der fein geriebenen Schokolade drehen. Die Kugeln in die Pralinenförmchen setzen.
Aufbewahren
Bei Verwendung von frischen Datteln die Truffes im Kühlschrank aufbewahren.
Varianten
Datteln durch getrocknete Feigen oder getrocknete Aprikosen ersetzen. Rosenblüten- durch Orangenblütenwasser ersetzen.

NUSS-KASTANIEN-TRUFFES MIT SCHOKOLADE

220 g gesüßtes Kastanienpüree (Vermicelles)
100 geriebene Walnüsse
1 Prise Zimtpulver
1 unbehandelte Orange, fein abgeriebene Schale

fein geriebene Zartbitter-Schokolade

Pralinenförmchen

1
Alle Zutaten verrühren.
2
Aus der Masse mit einem kleinen Eisportionierer Kugeln abstechen, in der Schokolade drehen und nachformen. In die Pralinenförmchen setzen. Im Kühlschrank aufbewahren.

GRÜNES NUSSEIS

½ l Milch
50 g grüne Walnüsse, mit Schale gewogen
5 Eigelbe von Freilandeiern
100 g Akazienblütenhonig

Eiswürfel

1
Nüsse aus der Schale brechen und hacken. Milch aufkochen, Nüsse zugeben, auf der ausgeschalteten Wärmequelle 10 Minuten ziehen lassen.

2
Eigelbe und Akazienhonig mit dem Schneebesen zu einer luftigen, cremigen Masse aufschlagen. Milch mit den Nüssen unterrühren. Die Masse in den Topf zurückgeben, unter Rühren bei mittlerer Hitze unter dem Kochpunkt binden. In eine Schüssel geben.

3
In eine zweite Schüssel die Eiswürfel füllen und kaltes Wasser dazugießen. Die Schüssel mit der Creme hineinstellen und diese kalt rühren.

4
Die Nusscreme in der Eismaschine gefrieren lassen. Oder die Creme in eine Tiefkühldose füllen und im Tiefkühler fest werden lassen.

Variante
Das Rezept lässt sich auch mit getrockneten Nüssen zubereiten. Diese zuerst im Backofen bei 220 °C leicht rösten, auskühlen lassen, dann im Mixer fein hacken.

NUSSPARFAIT MIT PFLAUMENPÜREE

80 g Walnusskerne
3 Eigelbe von Freilandeiern
100 g Waldhonig
1 Prise Zimtpulver
1 Msp Vanillepulver (Bioladen/Reformhaus)
350 ml Rahm/Sahne

800 g Pflaumen
6 EL Honig

karamellisierte Walnüsse für die Garnitur

1
Die Nüsse grob hacken und in einer Pfanne ohne Fett leicht rösten. Abkühlen lassen.

2
Eigelbe, Honig, Zimt und Vanille mit dem Schneebesen zu einer luftigen, cremigen Masse aufschlagen.

3
Den Rahm steif schlagen und unter die Eigelbmasse ziehen, die Nüsse unterrühren. Die Parfaitmasse in Portionenförmchen oder in eine große Form füllen und für mindestens 3 Stunden in den Tiefkühler stellen.

4
Pflaumen halbieren und entsteinen, den Stielansatz entfernen, die Früchte zerkleinern. Pflaumen und Honig erhitzen, köcheln lassen, bis die Früchte weich sind. Pürieren, nach Belieben durch ein Sieb streichen, um die Fruchthäutchen aufzufangen.

5
Die Parfaitförmchen kurz in heißes Wasser tauchen, auf Teller stürzen, mit dem Pflaumenpüree umgeben, mit den Nüssen garnieren. Bei einer großen Form das Parfait 30 Minuten vor dem Servieren in den Kühlschrank stellen, mit dem Eisportionierer Kugeln abstechen.

NUSSPARFAIT MIT ROTWEINZWETSCHGEN

für 12 Portionen

4 Freilandeier, Eigelb und Eiweiß getrennt
125 g Vollrohrzucker
50 g Akazienblütenhonig
2 EL Nusslikör
½ l Rahm/Sahne
150 g geriebene Walnüsse
50 g Walnusskerne, grob gehackt und karamellisiert

Kompott
1 kg Zwetschgen
2 Msp Zimtpulver
200 g Akazienblütenhonig
4 dl/400 ml Rotwein

1
Eigelbe, Zucker, Honig und Nusslikör zu einer luftigen, cremigen Masse aufschlagen.

2
Eiweiß zu Schnee schlagen. Rahm steif schlagen.

3
Zuerst den Schlagrahm unter die Eigelbmasse ziehen, dann den Eischnee und die Nüsse. Die Masse in Förmchen füllen, für mindestens 3 Stunden in den Tiefkühler stellen.

4
Für das Kompott die Zwetschgen halbieren, entsteinen, den Stielansatz entfernen. Früchte mit Wein, Zimt und Honig zu einem Kompott kochen; die Zwetschgen dürfen nicht zerfallen.

5
Die Förmchen kurz in heißes Wasser tauchen, Parfait auf Teller stürzen, mit den Zwetschgen umgeben.

Rezept
Es stammt von einem Bio-Weinhändler und Profikoch, der auch einen wunderbaren Nusslikör herstellt. Etwas schneller ist das Parfait zubereitet, wenn man die ganzen Eier mit Zucker, Honig und Nusslikör in der Küchenmaschine lange genug cremig rührt und dann den steif geschlagenen Rahm unterzieht und die Nüsse beifügt.

NUSSFLAN

125 g weiche Butter
125 g Vollrohrzucker
130 g geriebene Hasel- oder Walnüsse
70 g Nussmehl (Seite 26)
2 Freilandeier
2 Eigelbe von Freilandeiern
0,4 dl/40 ml Grand Marnier
100 ml Rahm/Sahne

1
Die Flanförmchen mit Butter einfetten. Den Backofen auf 100 °C vorheizen.

2
Butter und Zucker zu einer cremigen, luftigen Masse rühren. Geriebene Nüsse und gesiebtes Nussmehl unterrühren, Eier, Eigelbe, Orangenlikör sowie Rahm verquirlen, unter die Nussmasse rühren, in die Förmchen füllen.

3
Die Flanförmchen in eine Gratinform stellen, bis auf etwa $^{2}/_{3}$ Höhe mit Wasser füllen. Im vorgeheizten Ofen bei 100 °C 25 Minuten pochieren.

Tipp
Mit einer Fruchtsauce servieren.

Rezept
Aus der Rezeptsammlung der Grabenöli in Lüterswil/Schweiz.

KUCHEN UND TORTEN

NUSS-RICOTTA-TORTE MIT SCHOKORASPEL

für eine Springform von 23 cm Durchmesser

150 g weiche Butter
150 g Vollrohrzucker, teilraffiniert
5 Freilandeier, Eigelb und Eiweiß getrennt
1 unbehandelte Orange, abgeriebene Schale
150 g Ricotta
120 g geriebene Walnüsse
40 g Dinkelmehl/ Mehltype 1050

Belag
3 EL Aprikosenkonfitüre
2 EL Grand Marnier
100 g Zartbitter-Schokolade, 70 % Kakaoanteil

geriebene Walnüsse für die Form

1
Den Backofen auf 190 °C vorheizen. Den Boden und den Rand der Springform mit Butter einfetten, mit den geriebenen Nüssen ausstreuen.

2
Butter und Zucker zu einer luftigen, cremigen Masse aufschlagen. Eigelbe, Orangenschalen und Ricotta unterrühren. Nüsse und Mehl mischen und unterrühren. Das Eiweiß zu Schnee schlagen, portionenweise unterziehen. Den Teig in die Form füllen, glatt streichen.

3
Form in der Mitte in den Ofen schieben, das Biskuit bei 190 °C 30 Minuten backen. Stäbchenprobe machen. Das Biskuit in der Form erkalten lassen. Den Rand vorsichtig lösen, das Biskuit stürzen.

4
Am nächsten Tag die Konfitüre mit dem Grand Marnier glatt rühren, auf der Torte verstreichen. Schokolade auf der Röstiraffel reiben, darüber verteilen.

Rezept
Ein herrlich feuchter, nussiger Kuchen.

NUSSTORTE MIT HIMBEEREN

für eine Springform von 23 cm Durchmesser

Biskuit

4 Freilandeier, Eigelb und Eiweiß getrennt
130 g Vollrohrzucker, teilraffiniert
250 g geriebene Walnüsse
1 Prise Meersalz

geriebene Walnüsse für die Form

Nusslikör
250 ml Rahm/Sahne
200 g frische Himbeeren
100 g Zartbitter-Schokolade, gerieben

Blättchen von Pfefferminze oder Zitronenmelisse, für die Garnitur

1

Den Backofen auf 200 °C vorheizen. Den Boden und den Rand der Springform mit Butter einfetten, mit den Nüssen ausstreuen.

2

Eigelbe und Zucker mit dem Schneebesen oder in der Küchenmaschine zu einer luftigen, cremigen Masse aufschlagen. Die Nüsse unterrühren. Das Eiweiß mit dem Salz steif schlagen und vorsichtig unterziehen.

3

Die Form in der Mitte in den Ofen schieben, das Biskuit bei 200 °C etwa 35 Minuten backen. Stäbchenprobe machen. In der Form auskühlen lassen. Dann den Rand lösen und das Biskuit auf ein Kuchengitter stürzen.

4

Das Biskuit horizontal durchschneiden, den Boden mit dem Nusslikör beträufeln. Den Rahm steif schlagen, einen Teil auf dem Boden verstreichen, mit etwa 150 g Himbeeren belegen. Den Biskuitdeckel darauf legen. Deckel und Rand mit dem restlichen Rahm bestreichen, mit der geriebenen Schokolade bestreuen und den Himbeeren garnieren.

Zum Rezept

Eine meiner Lieblingskreationen in diesem Buch. Anstelle geriebener Nüsse kann auch Nussmehl verwendet werden.

ENGADINER NUSSTORTE

für eine Form von 24 bis 26 cm Durchmesser

Mürbeteig

300 g Dinkelmehl/ Mehltype 630
1 TL Weinsteinbackpulver
1 unbehandelte Zitrone, abgeriebene Schale
1 Prise Vanillepulver
120 g kalte Butterstückchen
1 Freilandei

Füllung

200 g Vollrohrzucker
2 EL Honig
125 ml Rahm/Sahne
250 g grob gehackte Walnusskerne

1

Für den Teig Mehl, Backpulver, Zitronenschalen und Vanillepulver mischen, mit den Butterstückchen krümelig reiben, das Ei zugeben, zusammenfügen. Im Kühlschrank zugedeckt 30 Minuten ruhen lassen.

2

Für die Füllung Vollrohrzucker, Honig und Rahm aufkochen, Nüsse zugeben, die Masse auskühlen lassen.

3

Den Backofen auf 180 °C vorheizen. Den Boden der Form mit Backpapier belegen, den Rand einfetten.

4

Etwa drei Viertel des Mürbeteigs zwischen zwei Klarsichtfolien auf Formgröße, plus einen genügend großen Rand, ausrollen. Eine Folie entfernen, Teigrondelle in die Form stürzen, zweite Folie entfernen. Die Füllung auf dem Teigboden verstreichen. Den restlichen Teig ausrollen, beliebige Formen ausstechen und diese auf die Füllung legen. Oder ausgerollten Teig in Streifen schneiden, gitterartig auf die Füllung legen.

5

Die Engadiner Nusstorte auf der zweituntersten Schiene in den Backofen schieben, bei 180 °C etwa 45 Minuten backen.

Vollrohrzucker

Man kann auch teilraffinierten Zucker (z. B. Syramena) nehmen, in diesem Fall wird die Füllung etwas heller. Der Vollrohrzucker hat übrigens auch bei Personen Anklang gefunden, die sich nicht unbedingt vollwertig ernähren.

APFELCAKE MIT ROSINEN UND NÜSSEN

für eine Cake-/Kastenform von 24 cm Länge

3 Freilandeier
150 g Vollrohrzucker, teilraffiniert
150 g weiche Butter
180 g Dinkelmehl/ Mehltype1050
½ Päckchen Weinstein-backpulver
1 Prise Bicarbonat
½ TL Zimtpulver
200 g geriebene Äpfel
1 EL Rosinen
60 g grob gehackte Walnusskerne

1
Rosinen 30 Minuten im Wasser einweichen.

2
Den Backofen auf 180 °C vorheizen. Die Form einfetten und mit Mehl bestäuben.

3
Eier und Zucker zu einer luftigen, cremigen Masse aufschlagen. Nach und nach die weiche Butter unterrühren. Mehl, Backpulver, Bicarbonat und Zimt vermengen, unterrühren. Äpfel, abgetropfte Rosinen und Nüsse zugeben, vorsichtig unterrühren. Teig in die Form füllen, glatt streichen.

4
Die Form in der Mitte in den Ofen schieben, den Cake bei 180 °C etwa 50 Minuten backen. Stäbchenprobe machen. In der Form erkalten lassen.

RAHMFLADEN MIT NÜSSEN

für eine runde Backform von 24 bis 26 cm Durchmesser

Mürbeteig

200 g Dinkelweißmehl
1 TL Vollrohrzucker
75 g kalte Butterstückchen
5–6 EL Eiswasser (mit Eiswürfeln gekühltes Wasser)

Belag

250 ml Rahm/Sahne
1 EL Pfeilwurzelmehl
3 Freilandeier
3 EL Honig, z. B. Orangen- oder Lavendelblütenhonig, oder Agavendicksaft
½ unbehandelte Orange, abgeriebene Schale
½ TL Zimtpulver
6 gehäufte EL gehackte Walnusskerne
2 EL Rosinen, nach Belieben

1

Den Backofen auf 220 °C Grad vorheizen. Die Form einfetten.

2

Mehl und Zucker mischen, die Butterstückchen mit der Mehlmischung krümelig reiben, Eiswasser zugeben, rasch zu einem Teig zusammenfügen, nicht kneten. Den Teig zwischen zwei Klarsichtfolien auf Blechgröße ausrollen, eine Folie entfernen, den Teig in die Form stürzen, die zweite Folie entfernen.

3

Für den Belag das Pfeilwurzelmehl mit dem Rahm glatt rühren, Eier und Honig zufügen und verquirlen. Restliche Zutaten unterrühren. Auf den Teigboden verteilen.

4

Die Form auf der zweituntersten Schiene in den Ofen schieben, Rahmfladen bei 220 °C 25 bis 30 Minuten backen. Die Teigblasen gleich während des Backens mit einer Gabel aufstechen. Nach Belieben mit Puderzucker bestäuben.

Varianten

Fertigen Bio-Mürbeteig oder Bio-Blätterteig verwenden. Karamellisierte Nüsse verwenden.

KÜRBISKUCHEN

für eine Springform von 22 cm Durchmesser

200 g geschälter, entkernter, fruchtiger Kürbis
1 Apfel
2 EL Vollrohrzucker
30 g Butterstückchen
5 Freilandeier
100 g Akazienblütenhonig
100 g Dinkelruchmehl/ Mehltype 1050
1 Päckchen Weinsteinbackpulver
1 TL frisch geriebener Ingwer oder 1 Prise Ingwerpulver
1 Prise Muskatnuss
1 Prise Meersalz
100 g grob gehackte Walnusskerne

1
Den Backofen auf 180 °C vorheizen. Den Boden der Springform mit Backpapier belegen. Den Rand einfetten und fixieren.

2
Den Apfel schälen, vierteln und entkernen, in feine Scheiben schneiden. Das Kürbisfleisch ebenfalls in feine Scheiben schneiden. Äpfel und Kürbis abwechselnd auf das Backpapier legen. Zucker und Butterstückchen darauf verteilen. In den Ofen schieben und bei 180 °C überbacken, bis der Zucker karamellisiert.

3
Eier und Honig zu einer luftigen, cremigen Masse aufschlagen. Mehl, Backpulver und Gewürze mischen, unter die Eiermasse ziehen. Nüsse unterrühren. Den Teig auf die Kürbis-Apfel-Masse verteilen.

4
Die Form in der Mitte in den Ofen schieben, den Kürbiskuchen bei 180 °C 30 Minuten backen. Auskühlen lassen. Stürzen.

KLEINGEBÄCK

INDISCHES NUSSGEBÄCK

110 ABBILDUNG
111

150 g Dinkelvollkorn- oder Dinkelmehl/Mehltype 1050
100 g Vollrohrzucker
75 g weiche Butter
3 EL Akazienblütenhonig oder Ahornsirup
½ TL Zimtpulver
1 unbehandelte Orange, abgeriebene Schale
80 g gehackte Walnusskerne

1
Alle Zutaten rasch zu einem Teig zusammenfügen, zugedeckt 30 Minuten kühl stellen.

2
Den Backofen auf 200 °C vorheizen. Ein Backblech mit Backpapier belegen.

3
Aus dem Teig kleine Kugeln formen und diese flach drücken. Auf das Blech legen.

4
Das Blech in der Mitte in den Ofen schieben, das Kleingebäck bei 200 °C 5 bis 6 Minuten backen. Auf einem Gitter erkalten lassen.

NUSS-CANTUCCI

250 g Dinkelhalbweißmehl
200 g Vollrohrzucker
20 g Weinsteinbackpulver
1 Vanilleschote oder 1 TL Vanillepulver (Reformhaus)
1 Prise Meersalz
2–3 Freilandeier, je nach Größe
100 g geröstete, grob gehackte Walnusskerne

1
Den Backofen auf 180 °C vorheizen.

2
Mehl, Zucker, Backpulver, abgestreiftes Vanillemark/Vanillepulver und Salz mischen, eine Vertiefung formen. Verquirlte Eier hineingießen, zusammenfügen, Nüsse einkneten. Rollen von etwa 5 cm Durchmesser formen, auf ein mit Backpapier belegtes Blech legen.

3
Das Blech auf mittlerer Schiene in den Ofen schieben, Teigrollen bei 180 °C 30 bis 40 Minuten backen. Etwa 30 Minuten auf dem Blech auskühlen lassen, dann in 1 cm dicke Scheiben schneiden. Auf das Blech legen, 5 bis 10 Minuten bei 180 °C nachbacken.

BROWNIES

ABBILDUNG 112 113

für ein Kuchenblech von 30 cm x 40 cm, für 30 Stück

300 g Walnusskerne
350 g Zartbitter-Schokolade
250 g Butter
4 Freilandeier
400 g Vollrohrzucker
1 TL Vanillepulver (Reformhaus) oder 1 Päckchen Vanillezucker
2 Prisen Meersalz
250 g Dinkelmehl/ Mehltype 1050

4 EL Kakaopulver zum Bestäuben

1
Die Schokolade zerbröckeln. Die Nüsse grob hacken. Die Butter in einer Pfanne schmelzen, von der Wärmequelle nehmen, Schokolade zugeben, schmelzen lassen.
2
Ofen auf 180 °C vorheizen. Backblech mit Backpapier auskleiden, d. h. 2 Papierbogen quer und überlappend in die Form legen und auch den Rand auskleiden.
3
Eier, Zucker, Vanillepulver und Salz zu einer luftigen, cremigen Masse aufschlagen, abgekühlte Butter-Schoko-Masse unterrühren. Zuerst Nüsse, dann Mehl unterrühren. Teig auf dem Papier ausstreichen.
4
Das Blech in der Mitte in den Ofen schieben, Brownies bei 180 °C etwa 30 Minuten backen. Das Gebäck soll innen noch leicht feucht sein. Nur kurz abkühlen lassen, in Würfel schneiden, mit Kakaopulver bestäuben.
Variante
Wenn man die Zutaten halbiert, reicht die Menge für eine rechteckige Gratinform (siehe Bild).

FRICKTALER NUSSSCHIFFCHEN

250 g geriebene Walnüsse
250 g Zucker
2 Eiweiß
2–3 EL Kirsch

Walnusskerne, geviertelt, für die Garnitur

1
Nüsse und Zucker mischen. Eiweiß und Kirsch zugeben, zu einem feuchten Teig zusammenfügen.
2
Das Backblech einfetten und aus der Nussmasse mit 2 Kaffeelöffeln Schiffchen formen, auf das Blech setzen, mit einer Nuss garnieren. Über Nacht stehen lassen.
3
Nussschiffchen im vorgeheizten Ofen bei 160 °C etwa 15 Minuten backen.

SULTANINEN-NUSS-BRÖTCHEN

30 g Bio-Hefe
220 ml Milch oder Sojamilch
150 g Dinkelvollkornmehl
150 g Dinkelmehl/ Mehltype 1050 oder 150 g Dinkelmehl/Mehltype 630
2 TL Akazienblütenhonig
3 EL Walnussöl oder Olivenöl extra nativ
1 Msp Meersalz
1 Msp Vanillepulver (Reformhaus)
100 g Walnusskerne
60 g Sultaninen

Milch zum Bestreichen
gehackte Walnusskerne

1
Die Sultaninen 1 bis 2 Stunden in Wasser einweichen.

2
Die Hefe in einer Schüssel in der Milch auflösen, Mehl, Honig, Öl, Salz sowie Vanillepulver zugeben, zusammenfügen. Den Teig auf der Arbeitsfläche 10 Minuten von Hand kneten oder 5 Minuten mit dem Knethaken in der Küchenmaschine auf kleinster Stufe. In eine Schüssel legen, mit einem feuchten Tuch bedecken und etwa 30 Minuten gehen lassen, bis der Teig das doppelte Volumen hat.

3
Nüsse und Sultaninen in den Teig kneten, in 12 Portionen teilen, Brötchen formen. Die Teigkugeln auf ein mit Backpapier belegtes Kuchenblech legen, mit der Milch bestreichen, mit den gehackten Nüssen bestreuen, die Oberfläche einmal einschneiden und die Brötchen 15 Minuten gehen lassen.

4
Den Backofen auf 200 °C vorheizen.

5
Das Blech auf der zweituntersten Schiene in den Ofen schieben, die Brötchen bei 200 °C 20 bis 25 Minuten backen.

LIKÖR UND WEIN

NUSSLIKÖR

25 grüne Walnüsse
1 Zimtstange
1 Vanilleschote
4 Gewürznelken
2 TL Rosinen
1 l Grappa
½ l Wasser
300 g Vollrohrzucker

1
Die grünen Nüsse um den 21. Juni ernten.

2
Die Nüsse grob zerkleinern, zusammen mit Zimtstange, Vanilleschote, Gewürznelken und Rosinen in eine weithalsige Flasche mit Verschluss oder in ein Glas mit Schraubverschluss füllen, mit Grappa auffüllen. Verschließen.

3
Glas/Flasche 28 bis 40 Tage an der Sonne oder einem warmen Ort stehen lassen.

4
Den Likör filtern (durch ein feines Tuch passieren).

5
Wasser und Zucker aufkochen, abkühlen lassen. Zum Likör geben.

6
Nusslikör in Flaschen abfüllen. Verschließen. Im Keller mindestens 6 Wochen lagern.

Ratafia/Nocino
Nusslikör stammt ursprünglich aus Italien und war für mich eine echte Herausforderung, weil ich mich in der Herstellung von Likör und Schnaps überhaupt nicht auskenne. Freunde und Bekannte haben mir aber weitergeholfen. Und hier musste oder durfte ich erfahren, dass ein jeder das beste Rezept sein Eigen nennt. Wer die Wahl hat, hat die Qual. Wer am Wettstreit um den besten Nusslikör, die «Ratafia», teilnehmen will, kann mir sein Rezept gerne zukommen lassen, am liebsten per Mail: erica@biogans.ch. Ich werde es auf meiner Homepage www.biogans.ch/erica aufschalten.
In Frankreich versteht man übrigens unter «Ratafia» einen Aperitif, der aus Chardonnay-Traubenmost und 90%igem Weinbrand hergestellt wird – eine Spezialität der Champagne.

TESSINER NUSSLIKÖR

14 grüne Walnüsse
1 l Grappa
1 Vanilleschote
1 Gewürznelke
(keinesfalls mehr)
700 g Zucker
(ja, Sie haben richtig gelesen,
die Menge stimmt!)
½ l Wasser
1 unbehandelte Orange,
abgeriebene Schale

Gleiche Zubereitung wie Nusslikör, Seite 116.

Rezept

Rezept eines Tessiner Freundes.

AARGAUER NUSSLIKÖR

25 grüne Walnüsse
3 Zimtstangen
4 Gewürznelken
1 Prise Sternanis
3 TL Kümmelsamen
200 g Kandiszucker
2 l Zwetschgenwasser, 42 %,
oder Träsch oder Grappa
½ l Wasser
500 g Zucker

1

Die grünen Nüsse um den 21. Juni ernten.

2

Die Nüsse vierteln.

3

Nüsse, Gewürze, Kandiszucker und Zwetschgenwasser in ein großes Gefäß mit Deckel geben, verschließen. 2 Monate an einem warmen Ort (nicht an der Sonne) ziehen lassen.

4

Den Likör filtern (durch ein feines Tuch passieren).

5

Wasser und Zucker aufkochen, abkühlen lassen. Likör zufügen. Nusslikör in Flaschen abfüllen. Verschließen. Im Keller mindestens 6 Wochen lagern.

Rezept

Von Bruno Sutter, Möriken.

ROTWEIN MIT NÜSSEN

30 grüne Walnüsse
6 l Rotwein
2 kg Zucker
1½ l Grappa

Die Nüsse grob zerkleinern. Alle Zutaten in ein Gefäß mit Schraubverschluss geben, 50 Tage ziehen lassen. Filtern.

Rezept
Ein altes Tessiner Rezept!

NUSSWEIN AUS DEM PERIGORD

1 l Rotwein (Bordeaux)
150 g Zucker
1 Glas Weinbrand, Armagnac oder Cognac
1 Hand voll junge grüne Walnussblätter (im Mai ernten, wenn die Blätter einen intensiven Duft verbreiten)

1
Zucker im Rotwein auflösen, Weinbrand zugeben, mit den Blättern in einer bauchigen, alten Weinflasche ansetzen. Verschließen.

2
Den Nusswein an der Wärme, nicht an der Sonne, 14 Tage ziehen lassen. Filtern (durch ein feines Tuch passieren).

3
Den Nusswein in Flaschen abfüllen. Im Keller einige Wochen ruhen lassen.

Rezept
Aus der Grabenöli in Lüterswil.

ANHANG

REGISTER

Naturkostläden und Reformhäuser bieten Bio-Walnüsse an, u.a. Rapunzel Naturkost (www.rapunzel.de), Davert (www.davert.de) oder Neuform International (www.neuform-international.de).

ÖLMÜHLEN

Walnussöle, Walnussprodukte und andere Öle (Öffnungszeiten und Besichtigungstermine auf Anfrage). Lohnpressung: Hier kann aus den geknackten und vorbereiteten Walnüssen aus dem eigenen Garten ab einer bestimmten Menge (auf Anfrage) Öl gepresst werden!

Ölmühle Solling GmbH
Otto-Hahn-Straße 2, 37639 Bevern
Tel. 0 55 31 / 12 05 57, Fax 91 65 68
www.oelmuehle-solling.de
info@oelmuehle-solling.de

Kroppenstedter Ölmühle
Wilhelm-Firse-Straße 6, 39397 Kroppenstedt
Tel. 03 92 64 / 95 10, Fax 95 122
www.kroppenstedter-oelmuehle.de
info@kroppenstedter-oelmuehle.de
Familienbetrieb seit 1922

Zöllners Ölmühle
Dessauer Straße 14, 55545 Bad Kreuznach
Tel. 06 71 / 4 36 21, Fax 4 82 00 91
info@oelmuehlezoellner.de
Lohnpressung möglich. Mühlenführungen nach Absprache.

Wonnegauer Ölmühle
Dipl.Biol.Thomas Steger
Herrnsheimer Hauptstr. 40, 67550 Worms
Fon 0 62 41 / 5 69 56
t.steger@gmx.de
Lohnpressung möglich

Ölmühle Ditzingen GmbH & Co. KG
Johannes-Fuchs-Strasse 5, 71254 Ditzingen
Tel. 0 71 56 / 82 49, Fax 83 72
www.oehlmuehle-ditzingen.de
mail@oelmuehle-ditzingen.de
Familienbetrieb seit 1862.

Ölmühle Dusslingen
Claus Steinhilber
Austr. 32, 72144 Dusslingen
Tel. 0 70 72 / 70 09, Fax 6 05 73
steinhilber-oelmuehle@t-online.de
Besichtigung der historischen Mühle nach Absprache. Lohnpressung möglich.

Ölmühle Walz GmbH
Fam. Hättig & Huber-Scheibel
Appenweierstr. 56, 77704 Oberkirch
Tel. 0 78 02 / 22 94, Fax 5 01 83
www.oelmuehle-walz.de
oelmuehle.walz@t-online.de
Historische Mühle seit 1832

Ölmühle Simonswald
Brauchtumsverein
Talstr. 55, 79263 Simonswald
Tel. 0 76 83 / 90 92 57, Fax 14 06
michael-schwaer@pcconnect.de
Lohnpressung möglich, Historische Mühle.

Ölmühle Königsschaffhausen
Werner Reinacher
Endinger Str. 66, 79346 Königsschaffhausen
Tel. 0 76 42 / 76 75
Historische Mühle (Mahlstein von 1822).

Ölmühle Fam. Eberhardt
Weilertalstr. 8.
79410 Badenweiler - Oberweiler,
Tel. 0 76 32 / 76 04
Historische Mühle.

AUSFLUGSTIPPS + WISSENSWERTES

Walnussplantage
Wein- und Sektgut
Restaurant – Gutsschänke Weber
Winzerhof im Offental 1, 77955 Ettenheim
Tel. 0 78 22 / 8 94 80, Fax 89 48 12
www.weingut-weber.de
info@weingut-weber.de
Sammeln von Walnüssen nach Absprache möglich. Verkauf u.a. von Grünen Walnüssen, Johanni-Walnuss-Geist, Schälnüssen.

Historischer Spaziergang
Mit Besichtigung der Ölmühle Königsschaffhausen und Walnussmenü (Mittwochs nach Anmeldung).
Gasthaus Hotel Adler
Endingerstr. 35
79346 Endingen-Königschaffhausen
Tel. 0 76 42 / 32 12, Fax 40 11 0
www.adler-baptist.de, info@adler-baptist.de

Deutscher Mühlentag
Deutsche Gesellschaft für Mühlenkunde und Mühlenerhaltung (DGM) e.V.
Schwarzer Weg 2 - Mühlenbauhof
32469 Petershagen-Frille
Tel. 0 57 02 / 26 94
www.muehlen-dgm-ev.de
info@muehlen-dgm-ev.de
Termin: jedes Jahr am Pfingstmontag.
Informationen zum Programm, welche Mühlen teilnehmen und zu den Mühlenstraßen.

Der Walnuss-Baum
Schutzgemeinschaft Deutscher Wald – Bundesverband e.V. (SDW)
Meckenheimer Allee 79
53115 Bonn
Tel. 02 28 / 94 59 83-0, Fax 94 59 83-3
www.sdw.de, www.sdw.de/pdf/walnuss.pdf
sgdwald@aol.com.

Nussbaum-Allee
56 Walnusssorten stehen seit 2003 in einer Allee in St.-Légier oberhalb von Vevey.

Der größte Walnussbaum der Schweiz
In Menier im Kanton Genf gibt es ein Arboretum mit 41 Walnusssorten, dort steht auch der größte Nussbaum der Schweiz.

WALNUSSBAUMSCHULEN

Walnussveredlung Biebelnheim
Helga Lindemann
Obere Kirchgasse 7, 55234 Biebelnheim
Tel. 0 67 33 / 94 93 95, Fax 92 99 800
www.walnussveredlung.de
info@walnussveredlung.de

Stefan Kimmig
Reben- und Walnussveredlung
Springstr. 13, 77704 Oberkirch-Tiergarten
Tel. 0 78 02 / 26 88
winzerhof-kimmig@t-online.de

Kaiserstühler Walnussveredlungsbetrieb
Anton Schott
Steuernbergstr. 2, 79361 Sasbach-Leiselheim
Tel. 0 76 42 / 58 59, Fax 42 91
www.nussspezialist.de
info@nussspezialist.de

ANBAU VON WALNUSSBÄUMEN

Auskünfte über den Anbau erhalten Sie hier:

Walnusssorten-Sammlung
Walter Böhner
Bahnhofstr. 24, 39448 Westeregeln
Tel. 03 92 68 / 27 18
Besichtigung nach Absprache.

Forschungsanstalt Geisenheim
Fachgebiet Obstbau
von-Lade-Str. 1, 65366 Geisenheim
Tel. 0 67 22 / 50 22 01, Fax 50 22 12
www.forschungsanstalt-geisenheim.de
info@fa-gm.de

Staatliche Lehr- und Versuchsanstalt für Wein und Obstbau Weinsberg
Traubenplatz 5, 74189 Weinsberg
Tel. 0 71 34 / 50 40, Fax 50 41 33
www.lvwo-weinsberg.de
poststelle@lvwo.bwl.de

Bayerische Landesanstalt für Wein- und Gartenbau
An der Steige 15, 97209 Veitshöchheim
Tel. 09 31 / 09 01 312, Fax 9 80 13 00
www.lwg.bayern.de
poststelle@stmlf.bayern.de

In Baden-Württemberg helfen die Obstbauberatungsstellen der Landratsämter weiter. Im übrigen Bundesgebiet die Obstbauberatungsstellen der Landwirtschaftskammern oder Landwirtschaftsämter.

ÜBER DIE AUTORIN

Erica Bänziger ist gebürtige Appenzellerin. Sie hat während vieler Jahre in Berlin und München gelebt. Die Mutter von zwei kleinen Söhnen wohnt seit neun Jahren im Tessin. Als diplomierte Ernährungsberaterin ist sie Dozentin an verschiedenen Heilpraktikerschulen und leitet Kochkurse in der ganzen Schweiz. In den vergangenen Jahren sind von ihr einige erfolgreiche Ratgeber erschienen, darunter bei Hädecke fünf Bücher.

LITERATUR

Baumheilkunde
René Strassmann, AT Verlag
Die orientalische Küche
Ghillie und Jonathan Basan, Collection Heyne
Nahrung ist die beste Medizin
Jean Carper, Econ Ratgeber
Blätter von Bäumen
Susanne Fischer Rizzi, Hugendubel Verlag
Der Walnussanbau in der Schweiz
Ufa Revue 11/99
Div. Publikationen
Grabenöle in Lüterswil